障《しょう》碍《がい》の児《こ》のこころ
新版

関係性のなかでの育ち

田中千穂子
Chihoko Tanaka

jig-05

目次

はじめに……9

1 知的障碍のある子のこころ……19
○基本的には変わらない
・思いこみ
・健常な子どもの育ちとの違い

2 自分に「ひけめ」を感じるとき──乳幼児期……29
○自分が自分に感じる「ひけめ」
○発達相談で
・ひるむ気持ちとやりたい意欲のはざまで
・やりたい意欲をふくらませて
・ひけめの育ち
・ただのひけめから劣等感へ
・逃がしてあげる・待ってあげる

○自分が自分にめげるとき
○「疲れ」が大敵
・「もう最悪だよ」から「ガスケツですから」へ
・学校での環境調整に助けられ
・居場所もできて
・「空想の世界」という友だち

3 他者との関係性のなかで──物語を紡ぐこと──児童期……53

○就学への迷いと親の願い
○「学校にはいかない」ときめて
・プレイセラピーに通いはじめる
・「切り刻まれ物語」を変えていく
・学校にちょっと戻る
○わかってくれない人への対処と、わかってくれる人への対処は違う
・はじかれるから、はじきたくなる
・わかってもらえるからこそ頑張る

・「親ばか」のススメ
○自分なりの納得を求めて
・ずっと悩んで考えた
・「エイゴベンキョウシマス」と夜間高校へ
○関係性に支えられて
・「私がしっかりしてなかったから」
・関係性のなかで明確になってゆく
○自分と自分の障碍を折りあわせてゆく
・自分の障碍への気づきと親の姿勢
・雰囲気で支える
・「私は目がみえるもん」

4 思春期の到来……95

○思春期以降のアウトライン
・ゆっくり訪れる思春期
・恋、結婚、仕事

・余裕がなくなると不調になる
・親の対処：過剰な保護からふつうの保護へ
◯「全面的な守られ」からの巣立ち
・親の守りのなかで安心して育つ
・「こわごわ」でいいからやってみる
・親の意見の相違の意味
◯自分で自分を守ること
・「動かない」というストライキ
・疲れがたまったことを契機として
・拒否できるようになってきた
◯自分をとりまく世界の変化に惑う
・「お腹がいたい」ではじまった
・日々のなかにもある「衝撃」
・うれしいけれどもちょっと淋しい
・生活にはりを与える小さな変化
◯自己主張の発達
・一歳をすぎる頃：拒否能力「イヤ！」が育ってくる
・二歳をすぎる頃：自己主張がふえてゆく

5　自分らしく生きてゆきたい……131
○おとなになって
・早く仕事につかせようとする社会
・一人のおとなとして扱ってもらえない
○「困った人」から素敵な女性に
・正当に発揮されない能力が問題行動に
・問題行動による激しい訴え
・彼女にとっての「相談」とは
・自分で調整をはじめる
・精神的なゆとりがふえて
・ことばを扱う力がふえる
・「ひとりでクリニックに行きます！」
・自立したおとなへ
○仕事のなかでうまれる悩み
・聞けないし、尋ねられない
・夢は叶わなかったけど
・仕事をするだけが人生ではない

○家を出て生活する・自立する
・急がされた巣立ち
・「私の家はあっち（施設）です」

おわりに……165
○彼らにとっての心理相談とは
・ことばとの関係性が豊かになる
・援助者にできること
○親は子どもの障碍とどうつきあえばいいのか
○この本がいまも生きているわけ　堀切和雅……178

装幀＝吉田浩美・吉田篤弘［クラフト・エヴィング商會］

＊文中で言及される著者の所属や経歴は『障碍の児のこころ』初版刊行（二〇〇七年九月）当時のものです。

＊文中の「心障学級」「養護学校」は、学校教育法の「特別支援学級」「特別支援学校」ですが、個別の学校ではそれぞれの名称が使われており、本書でも初版の表記のままとしました。

はじめに

「障碍をもった子どもが成長してゆくとき、おそらくは自分はほかの人と同じではない、ということを含みこんで人間関係をつくってゆくのだろうと思います。彼らはどのような気持ちで成長してゆくのでしょう？　自分がほかの子と違うと気づくとき、思春期を迎えるとき……いったい彼らのこころや気持ちは、どんなふうになっているのでしょうか。特に、知的な障碍のある子どもたちのこころについて、書かれた本はほとんどないように思うのです。自分の子どもの気持ちでも、親にはわからないことが多いでしょう。ほかの子どもの例を読みながら、知的障碍のあるわが子のこころについて、親が落ちついて静かに考えることのできるようなエッセイを書いてください」。私は編集者である堀切和雅さんに、このような依頼をうけました。彼は続けて「効率主義の世の中では、お金をうみださない彼らは、社会にとって役だたないと考えられているように思います。でも、それはおかしなことです。そういう、たくさんある誤った考え方や見方を変えるためにも、彼らの内的世界のありようを、世の中に伝える本をつくりたいのです」と熱っぽく語っていました。彼自身、ミトコンドリア病の六歳になる娘さんのお父さんです（『娘よ、ゆっくり大きくなりなさい』堀切和雅著　集英社新書）。

私は東京にある小さな個人開業のクリニックで、心の病気や悩み、さまざまな問題を抱えた人々を心理的に援助する仕事をしています。クリニックでの仕事は一〇年前から大学に移籍したため、それ以降は非常勤になりましたが、現在まで二六年間同じクリニックで心理相談（セラピーともカウンセリングともいわれています）をしています。そこには、さまざまな障碍をもつ人々もまた、たくさん相談にみえています。

というのは、そのクリニックは三〇年前の開院当初から、わが国でもはじまったばかりだった、ダウン症候群の赤ちゃんの発達相談にとりくんでいる病院だからです。心理臨床家として私も、その発達援助に加わりました。そしてダウン症候群の赤ちゃんを中心とする、さまざまな障碍のある赤ちゃんたちの健やかな発達を援助するためには、何をどうしたらよいのか、親ごさんたちへの援助とはどういうことか、ということを真剣に考えてきました。関係性という視点と、発達的な視点を含めて人の心理的な問題を考えるという二つの視点が、現在の私の臨床の柱になっていますが、それは障碍のある人々への臨床的発達援助のなかでうまれ、育ってきたものです。

二六年前に赤ちゃんだった子どもたちは、一〇年もたつと思春期を迎えるようになります。赤ちゃんの頃は「どのようにこの子の発達を伸ばしていってあげたらよいか」ということが中心だった親ごさんの相談は、子どもが学校にあがると、先生や友だちとの関係性のなかで生じる不適応などの問題に移ってきます。さらに子どもが成人になると、職場との関係性によって生じる問題や、自分らしく生きることをめぐる悩みがでてきます。これら全ての時期を通して、底流に親が子どもに障碍があるということをどのように捉え、どう自分の人生のなかで折り合いをつけてゆくかというテーマと、本人が自分の障碍をどのように捉え、どのように折り合いをつけて生きてゆくかというテーマがあります。

このようにお話しすると、みなさんは少し意外に思われるかもしれません。批判や誤解を怖れずに言うと、知的障碍のある人で特に重度の人は、さまざまなことがよくわからないから、苦悩なく人生を過ごせているのではないか、という考え方があるように思います。世俗の雑事にこころが左右されず、楽な部分もあるかもしれないとは思いますが、まるごとそうだと言い切るのは間違っていると思います。

また、軽度の障碍のある人は軽度なのだから、重度の人と比べると、そんなに困ることはなく苦悩は少ないのではないかということも聞きます。しかしこれも間違いです。ほかの人がそれほど困らずにわかることがわからないとか、ほかの人と比べていろいろなことがうまくできないということは、とても大きな苦悩です。また、軽度の人の障碍は、周囲の人からはすぐにはわかりづらいので、障碍がないように扱われ、つらい思いをすることも多々あります。軽度のなかでもごく軽度の遅れのある人たちの苦悩もまた、なかなか周囲には理解してもらえない深刻さがありますし、中くらいの障碍のある人にも、軽度や重度の人とは違う、グレーゾーンならではの苦悩があるのです。彼らのこころは、総じてナイーブでやわらかく、傷つきやすいのです。

外から障碍があるとわかる人々は、障碍が一見わからず、わかられない方が楽だと言い、外からすぐに障碍があることがわからない人は、すぐにわかってもらえる人の方が楽だと言います。本人たちにとっては、どちらもそのとおりだろうと思います。このように少し考えてみただけでも、事態はそう単純ではありません。私たちは彼らのことを、何もわかってはいないのです。

彼らのまわりには、知的障碍に対する誤解と偏見がいっぱいです。人生の選択の幅は健常な人たちに比べると少なく、不平も不満もたくさんあるに違いありません。なのに彼らはそんなことには頓着《とんちゃく》せずに、彼らなりに頑張ったり、力をぬいたりしながら豊かで、自分なりによしと思える人生を歩んでいこうとしています。不平や不満をいう能力がないから言わないのではありません。彼らの関心は自分と自分の周囲の人々が幸せになることなので、他のことはあまり気にしないか、気にしないようにしているのだと思います。その一方で、世界の平和を真剣に考えている人もいますし、聴覚障碍のある人の役に立ちたいからと、手話を習っている知的障碍の人もいます。彼らもまた、それぞれに、いろいろなことを考え、自分らしい人生を模索しながら歩んでいるのです。

私がクリニックで出会うのは、自分なりの素敵な人生を自分でつくり、歩んでいこうとしている過程で不調に陥り、どうしたらよいか、にっちもさっちもいかなくなり、問題行動や症状を呈した人々です。彼らの不調はことばで表出されるよりも、行動や身体に現れます。たとえば、ふだん目がきらきら輝いて活発な人が、どんよりとしたまなざしで動かなくなったとか、ごはんをモリモリ食べてはよく寝ている人が、夜も眠らずほとんど食べなくなったとか、日頃おとなしい人がイライラして暴れるとか、興奮して外に突然飛び出したりというように、ふだんとは違うふるまいをするようになったとき、「何かがおかしい」と捉えます。

問題を解決させていくためには、本人の様子をみせていただくことと、親ごさんの話を聞くことの両方が必要です。その結果ご本人のセラピーを行う場合もあれば、親ごさんとの面接で対応する場合もあります。いずれにしろ、何が起こったのかを推測し、当面の対応を親ごさんにお願いします。その結果どうなるかという、ご本人の行動や身体の状態をみてゆきながら、援助の軌道を修正してゆきます。行動が落ちついてきて、状態が好転してくればよくなってきた証拠です。笑顔が戻るということは最高の指標です。

知的障碍のある人々のことを語る時、どのくらいの障碍をもっているのかという度合い（程度）が問題になります。これをあらわすのが通常、知能指数（ＩＱ値）であり、ＩＱ七五～七〇以下が知的障碍とされています。かつては、知的障碍は知能検査の結果だけで判断されていましたが、現在では知能指数は判断のひとつであり、社会生活の能力がどれくらいあるか、適応という観点を含めて、現時点での状態をあらわすものである、というように定義それ自体が変わってきています。

知能検査の数値は、どのような教育的環境を整えるのが適切か、という判断のひとつとしては有用ですが、心理的悩みや問題を抱えた人の心理相談をするためには、不可欠な資料ではありません。というのは、どの程度のやりとりが可能か、どのくらい理解できているかというようなことは、親ごさんからの情報と、実際に目の前にいる子どもの様子を拝見させていただければ大体の判断はつくからです。

私は心の相談にきた知的障碍のある人に対して、知能検査をとるということは、基本的にはしていません。その一番大きな理由は、心理的な問題を抱えて相談に来るときというのは、こころが傷ついた、あるいは傷つけられた状態にあるからです。知能検査をとるのは、本人が元気でエネルギーが満ちている時に限ります。自分が傷をうけ、まいっている時というのは、検査を受けられるような状態ではありません。第二の理由は、検査をとってＩＱいくつだからこういう話をしましょうというように、ＩＱ値によって助言の中身が変わることはないからです。すぐにＩＱ値で人の知的能力を判断してその人のことをわかったような気になるのは、相手に対して失礼です。ＩＱ値はその人のさまざまな能力のひとつでしかないのです。

とはいえ、本書でまったくの表記がないと、読み手のみなさまが理解しにくいだろうと思ったので、参考までに一般的に用いられている値を記載することにしました。わが国においては、おおまかに軽度はＩＱ七〇～五〇、中度は五〇～三五、重度は三五以下、という数値で示されています。

この本のなかのケースは、どれもスムーズにやりとりしているように書いてあるので、読者のみなさまは、ことばで十分なやりとりができる人としか会っていないと思われるかもしれません。でも実際にはそうではありません。私自身が何とかことばを用いてまとめることができた一部のケースだけを、ここに収めました。まだ、うまくことばにできないケースも、現在奮闘中のケースもたくさんあります。また、いつもここに描いたようなやりとりをしているわけではありません。何年も同じ内容が語られていた面接のある局面、ある瞬間に異次元の扉が開くように、すごい内容がポーンと飛び出してくることがあります。そういう出会いと関わりの断片の集積が、この本に集められているのです。

さらに実際のケースをもとにしてはいますが、その目的は、私というひとりの心理臨床家がとらえた、彼らのこころの成長やその傷つきのありようを、できる限りそのまま描きだすことです。ですから、実際にたくさんの人々にモデルとなって登場していただいていますが、個別の病名や具体的なことなど、個人を特定させそうな情報はできる限り記載していませんし、年齢も実際とは若干違えてあります。もちろん名前も仮名です。そのかわり、私と彼らとの間でうまれ、交わされたこころに関する内容や、私自身の具体的な関わりは、私の記憶している限り、そのまま記載しています。

本書のなかでまな板の上にのっているのは、この世で唯一無二の私と相手との関わりのなかで捉えた、相手のこころの動きと自分自身の対応の方です。「どうもこれは私とのやりとりみたい」とか「この人は私に似てるな」と思った方は、先生はあの時自分がいったことをこんな風にうけとめ、考え、大事にして自分から学んでいってくれたんだなー、と思っていただけると嬉しいです。そしてこれを書くことによって、私ももう少し彼らのこころに近づいてゆきたいと願っています。

私自身、彼らのこころの中がどうなっているのか、よくわかっているわけではありません。彼らのことをどれほど理解できているかもわかりません。知的な障碍のある人々との関わりは、心理臨床家の中ではとても多いと思いますが、療育や作業所などで直接関わっておられるスタッフのみなさんのなかには、私よりもより深く彼らのこころのあり様を捉えている先生方がたくさんいらっしゃると思っています。ただ私を含め、関わっている人々が口を閉ざしていたら、いつまでたっても、彼らに対する世間の誤解や無理解からくる偏見を変えていくことはできません。彼らとの日々の関わりによって、たくさんのことを学び、教わり、人としても臨床家としても育ててもらっている者の一人として、私の理解していることを本書でお伝えしたいと思います。彼らがいつの日か、自分で自分のことを話してくれるようになって、ここに書かれていることを補ってくれたり、こういうことを言いたかったんだよと訂正してくれるようになる日が待ち遠しいです。

知的障碍のある人々が生きやすい世の中は、知的障碍のない人々にとっても生きやすい世の中であるはずです。彼らに対する心の援助は、まだまだ十分ではありません。彼らのこころの育ちとその傷つきに関する理解が深まり、心理的な援助がどこででも受けられるような社会になっていくことを願っています。

本書で私は一貫して、成人になった知的障碍のある人々に対しても、「子ども」という呼び名を用いています。親にとっては、幾つになっても子どもは子どもで、たとえ子どもが五〇歳になっても、またいくら有名になったりお金もちになったとしても、その親にとってはただの「〇〇ちゃん」、つまり子どもでしかありません。本書は親と子の関係性を軸に描いているので、親からみた見方で書き方を統一しました。

私は、これまで、一般的に使われている「障害」という用語をもちいてきました。しかし本書では「障碍」という漢字で表記しています。以前から「害」という字はよくないと気になっていました。「漢字源」によると、「碍」は「石＋得」で石がみつかる、ゆくてをさえぎるようにみえる石をあらわすもので、障碍とは妨げる、邪魔をしてとめるという意味になるとのことです。一方、「害」は「うかんむり（かぶせるもの）＋口または古（あたま）」で、かぶせて邪魔をし、進行をとめることを示すもので、障害とはそこなう、邪魔する、成長をとめるという意味になるそうです。このようにみてゆくと、「障害」のほうが「障碍」よりも、より意図的・作為的に邪魔されて成長をとめられる状態をあらわしているように思われます。さらに、従来の用語にはいっている「害」という言葉から連想される悪しきイメージから離したいと考え、本書では「障碍」という用語で統一することとしました。（なお、現在の「特別支援教育」制度がスタートする以前のケースが多いので、これまでの教育制度のなかで用いられてきた用語を、本書では用いていません）。

最後に、この本の帯《おび》のことばは、私の臨床の師である精神科医の神田橋條治先生からいただきました。先生は「読後感をそのまま（キャッチコピー）に書きました。障碍のない人々（親たち）に読んでもらうと、子育てがもっと創造性に富むものになるだろうと思っています」と励ましてくださいました。このメッセージに背中をおされ、本書はうぶ声をあげました。

1

知的障碍のある子のこころ

○基本的には変わらない

知的障碍のある子どもたちのこころは、どのように育ってゆくのでしょうか。どのようなことに傷ついたり、どのようなことを悩んだりするのでしょうか。さらには彼らは、どのような人生を送ってゆきたいと願っているのでしょうか。

私は、知的障碍のある子どもも、基本的なところは健常な子どもと同じであると思っています。そのもっている障碍の度合いによって、外からみえる見え方は異なりますが、彼らはそれぞれ得意なことや不得意なことがあり、好きなことも嫌いなこともあり、好きなことはやりたいけれども嫌いなことはできれば避けたいというように考えているのも同じです。そして彼らも健常な子どもと同じように、こころのなかに、大なり少なり、さまざまな悩みや葛藤《かっとう》を抱えています。

自分がなぜか、ほかの子どもたちと違ってできないことが多いことは、早いうちからわかります。「どうして?」「なぜ?」という解けない疑問が頭のなかをかけめぐります。学校では、わからないことからくる困惑や混乱がたくさんあります。彼らのなかでは、わかるようでわからない、わからないようでわかるというように、わかることとわからないことがまだらになって混在している状態でしょう。だったら誰かに「聞いたらいいでしょう」といわれるかもしれません。しかしそれはそう簡単なことではありません。

まず、誰かに何かを質問するためには、自分が何を聞きたいのか、つまり何がわかっていないかを特定させ、把握できていることが必要です。次に、それができて、もしも聞くことができたとしても、相手が早口だったり、小さい声だったりして聞きとりにくかったり、むずかしいことばで返されたら、小さな混乱が起こるでしょう。混乱が起こると、誰でも何が何だかわからなくなるものです。だから一層、パニックのような状態になるでしょう。このように考えていくと、彼らはとてもたくさんのことを聞きたいのだろうけれども、不安や怖さで聞くことができず、静かにあきらめているのだろうと思います。

子どもが思春期にはいる頃には、自分がほかの人と違うのは、知的な遅れがあるからなのではないかということが、通信簿による評価や、日々の人々との関わりのなかでの自分をふり返ることを通して、漠然とながらもわかっていくように思います。それはつまり、「何となく……」というようなニュアンスで、ということです。自分に障碍があるということと自分を、どのように折り合わせてゆくのかという深刻な問題に直面します。さらにはおとなになっていくなかで、仕事に対する誇りや自信、恋愛や結婚、親から離れてグループホームに入居するなど、自立することをめぐる、おとなとしての苦悩が生じます。

知的障碍のある人は苦手なことが多いので、いろいろなことをあきらめざるえません。もちろん健常な人も無限の可能性があるわけではありませんが、とはいえ、知的障碍のある人たちが背負わされている不自由さと制約は、比較できないくらい大きいと思います。彼らはその制約をもちつつも、自分なりの人生を、自分らしく精一杯生きてゆきたいと望んでいます。ただ、知的障碍のある人は、その障碍がゆえに、何でもかんでも自分ですることはできません。できないところは人や道具に手助けしてもらい、できることは自分でしながら主体的に生きることが、彼らの願う生き方ではないかと私は考えています。自分に課せられ、押しつけられた制約をひきうけつつ、胸をはり、地に足をつけてしっかりとたくましく、豊かなこころをもって生きている知的障碍の人々を、私はたくさん知っています。

このように考えていくと、知的障碍のある人の人生と、健常な人の人生とは、どこの学校にいくか、作業所で働くか一般企業の障碍者雇用枠で働くか、稼ぐお金の総額など、選択肢の幅などは大きく違っても、内的な面では本質的にはあまり変わらないのではないかと思います。

知的障碍があると、考えることが不自由だったり、考えを煮詰めてゆくことが困難です。考えてもうまく考えられなかったり、まとまらず、ばらけてしまうことが多く、そのことからくる不全感やいらだちは大きいと思います。知的な能力に大きな価値をおくわが国では、彼ら自身、自分のことを劣っていると考えがちになるだろうと思います。誰にいわれなくても、自分でひそかにそう思ってしまうのだと思います。このように考えていくと、彼らもまた、たくさんの悩みを抱えていると考えるほうが自然なのではないでしょうか。

・思いこみ

自閉症の東田直樹さんは、今でも話すことそのものは不自由ですが、幼い時から文字盤でコミュニケーションすることを練習したおかげで、中学生の現在、パソコンのキーボードを打って、自分の内面を自由に文章化することができるようになっています。彼のおかげで、私たちは自閉症の人が、なぜぴょんぴょん飛び跳ねるのか、人に話しかけられるとどうなるのか、どれくらい不安が高いのか、というようなことを、わかることができます（『自閉症の僕がとびはねる理由』エスコアール社）。しかしもし、彼が文字で彼自身の内的世界の様相を描きだしてくれなかったら、彼が私たちとまったく同じかそれ以上に、いろいろなことをしっかりと考えている人であり、深い苦悩を抱えながら、私たち健常な人々ともつながって生きていきたいと強く願っているということは誰にもわからず、私たちは彼のことを、知的障碍のある自閉症の少年と捉えていただろうと思います。

最近では自閉症の人々が自伝を書いてくれるようになったおかげで、彼らの内的世界や世界の見え方を、私たちがかいま見ることができるようになってきています。しかし私たちはまだ、わかっていないことが多いのです。さらには、話しことばでコミュニケーションするということは、コミュニケーションのすべてではなく、選択肢のひとつであるにすぎません。知的障碍のある人は、ことばの障碍はあるけれども、感受性はむしろ健常者よりも鋭敏だったり、独特の感性をもっている場合が多々あります。織物を織ったり染色をする際に、通常では考えつかないような配色を考案することがありますし、曲をつくったりダンスを踊る際にも、豊かな独創性を示します。

つまり、知的な世界は苦手でも、あるいはむしろ、そのためなのか、豊かで独特な感性の世界をもっている人が多いのです。このように、すべての領域が障碍を受けているわけではありません。もし、感性の領域で勝負することになったら、ことばに頼りきっている私たちのほうが、障碍のある側になるのかもしれません。このように障碍とは、どこに主軸をおくか、どの方向から眺めるかによって、変わってくるものなのだと思います。

・健常な子どもの育ちとの違い

知的障碍のある人は、その障碍があることから、健常な子どもの育ちと違う面もいくつかあります。彼らは健常な子どもよりも、ゆっくりしたペースで成長するということが一つの大きな特徴です。彼らの精神発達が、ある年齢でとまるということはありません。三〇歳になっても四〇歳になっても、もちろん肉体的な老化は起こりますが、それとは別に、ことばを表出する能力や自分の感情をコントロールする能力など精神的な面の成長は、まだまだ育ってゆきます。ゆっくりと長期的に成熟し続けているのです。

ただ、実年齢と精神年齢の差は、加齢に伴い相対的に開いていくので一見、知能が低下していくように見えたりします。これは「見えの現象」です。加えて知的能力をはかるものさし（知能検査）は、概念や理解力などを問うものが多いので、ゆっくりとした彼らの精神的な成長の全体像を正確に反映させるのには不向きです。

時に「知能は七歳程度」というような記載をみかけることがあります。これはまるで、その人が何歳になっても七歳の能力しかないというような、そこで能力がとまっているかのような印象を与えます。この記載は間違いです。

第二の特徴としては、知的障碍があると健常な子どもの親子関係よりも、精神的にも身体的にも、親に依存する期間がずっと長くなるということがあげられます。本人が自分だけの力で対処することがむずかしいために、特に問題が生じた場合には、親が通常する以上に保護することが必要になることもしばしばです。しかしそれは、子どもが順調に育つための手だてであり、やがて親は徐々にその保護の手を緩め、子どもに任せてゆかなければなりません。それが、子どもがおとなになるということです。ところが長い間、親は保護する姿勢で関わっていくと、どこまでが必要な保護で、どこからは手をださずに見守ってゆくとよいのかというような手のひき方が、よくわからなくなるのです。

またこのように、親子関係が必然的に濃密になるために、親に不安があるような場合には、子どもにそれが影響しやすく、同じように子どもが不調になると親もまた不調になるなど、互いに影響をうけやすくなりがちです。

第三に、彼らはことばを扱うことに関して、その度合いはさまざまですが、理解と表出の双方にそれぞれ困難さをもっています。ですので、話しことば（表出言語）のあるなしで、理解する力（理解言語）を判断するのは間違いです。理解する力は豊かでも、話しことばが少ないということはいくらでもあります。そのために親もおとなも時に、その子が全然わかっていないというように誤解することも起こります。

第四に、彼らのこころの不調は、チックやかんしゃく、脱毛症や抜毛症、遺尿や夜尿、歯ぎしり、夜驚（夜中寝ている時に叫ぶ）というような、神経症的・心身症的な症状や、問題行動としてあらわれます。これは健常な子どもでも同じですが、ことばでの表出がむずかしい分、おとなになっても、不調は多様な形での行動異変や、自律神経系のバランスの乱れのような、身体不調としてあらわれることが多いのです。

第五に、私たちは通常、困ったことが起こるとそれを何とかしようと対処行動をとろうとします。知的障碍のある人たちも、同じように対処行動をとりますが、時としてその対処行動がパターン化して固定化し、それがあらたな症状のようになることもあるように思います。中度の知的障碍のあるみのりさんは、不調になった時からこだわりがでてきて、自分の部屋の時計をみながら○○時になったら歯磨き、○○時になったらお絵描き、というように親ごさんを巻き込んで、強迫的に時間に支配される極端に不自由な生活をするようになりました。問題を少しづつ整理してゆき、大分精神的な状態が安定してきた頃、彼女がこだわっていたその時計を、私はお母さんにお願いして「会社で使うから」と借りだしてもらいました。そうしたところ、あれほどこだわっていた時間への縛りは、何となく解消しました。もちろん別の問題がまた出てきますが、このように、自分で行動していても、したくてしているとは限りません。したいわけでもないのにしている場合もあるのです。これは、最初は何かしらの意味があってはじめたことでも、その意味から離れ、行動だけが続くことがあるということだと思います。

本人がはじめた行動でも、自分だけの力でやめることができない場合には、外側から変えてもらえるととても助かる、ということもあるのです。私たちは「何か意味があるに違いないから」と意味論的に複雑に考えがちです。もちろんこの見方も必要ですが、それだけではなく、関わっている人々が自由な発想をもって、さまざまな角度から、こういうことができるのではないかと考え、こうしてみたらどうだろうかと小さく試してみていこうとする、柔軟で弾力的な考えでやってみることも必要です。つまり、複雑に考える視点とできるだけシンプルに考える視点の両方が有用だということです。

2

自分に「ひけめ」を感じるとき——乳幼児期

○自分が自分に感じる「ひけめ」

知的障碍のある子どもは、いつ頃から、どのようにして、「自分はほかの子と違う」ということを感じるようになるのでしょうか。この「自分はほかの子と違う」という考えは、自分と他者とを比較することによって生じる感覚です。

しかし実は、人と比べるということとは関係なく、それよりも前に自分が自分にがっかりする、という体験があるのです。これは知的障碍の有無に関係なく、健常な子どもも含めてすべての子どもに起こるもので、私はそれを「ひけめの萌芽《ほうが》」とよんでいます。では、知的障碍のある子どもたちには、いつ頃ひけめという感情が芽生えてくるのでしょうか。この問題を、ダウン症候群（以下ダウン症と略）のゆうくんの発達相談のケースから、考えてみましょう。

○発達相談で

ダウン症のゆうくんが、親ごさんと一緒にはじめて相談に見えたのは、彼がうまれて二か月たった頃でした。ダウン症の赤ちゃんは、二一番目の染色体が一本多いという症候群で、約一〇〇〇人に一人の割合で誕生します。個人差が大きいのですが、基本的に筋緊張低下（からだの筋肉の力が弱い）があるということが一番大きな特徴で、心臓や消化器系の疾患など、さまざまな合併症をもっていることが多く、知的な障碍を伴います。正確には染色体検査によって診断が確定しますが、誕生とほぼ同時にその特徴でわかることから、早期から発達援助の対象となります。私は生後二か月の時から、毎月定期的にゆうくんの発達援助と、親ごさんの養育をめぐる相談を担当しました。

ゆうくんに最初出会った時には、からだ全体が柔らかく、おっぱいを吸う力も弱く、おっぱいに吸いつけなかったので、お母さんがおっぱいを絞って哺乳瓶で飲ませていました。親ごさんは、ただ静かに眠ったままの彼に対して、何をどうしたらよいのか、途方に暮れていました。もちろん、ダウン症の赤ちゃんの育ちに関しても、よくわからない状態でしたし、障碍のある子どもが誕生したことに心理的に衝撃をうけ、精神的にまだまだ混乱した状態にありました。そこで、ダウン症に関する正確な知識と情報、子どもがどのようにして育っていくかという成長過程の概略をお伝えすると共に、彼らは筋緊張低下のために、自分から外の世界に積極的に働きかける力は弱いけれども、好奇心や意欲はたくさんもっているので、本人の育つ力をひきだすために、親ごさんから積極的に関わってあげてくださいとお願いし、具体的な関わり方をガイドするために、発達相談にお誘いしました。あわせて、からだの筋力を育てるために、機能訓練を受けることも段取りしました。

ここで発達相談の具体例をお話しすると、翌月（生後三か月）きた時に、赤い輪を寝ている彼の目の前に示してみました。しかし、ちょっとふっても、あまり見てはくれません。そこで次に、音のでる赤いガラガラで試してみました。そうしたところ、今度はその鮮やかな色と音色に彼の気持ちが動いたようで、ガラガラを目でつかもうと、視線がちょっとだけ動きました。これで、耳にはいる音刺激のほうが、目にはいってくる色刺激よりも彼の反応性が高いことがわかりました。そこで、この赤いガラガラを用いて、寝ている彼の目の上、ちょっと離れたところで左右にゆらす、前後にゆらす、まあるくグルリと円を描く、というような遊びを家で関わりとしてやっていただくようにお願いしました。

何でどう遊ぶとよいのか、その遊びが子どもの発達全体のなかで、どのような意味があるのかがわかってくると、関わるはりあいがでてきます。また、少しでもできるようになると、親も子どもも嬉しくなります。それがまた、双方にとっての励みになります。このようにしながら、ゆうくんは毎月一回相談に来るなかでぐんぐん成長してゆき、一歳三か月になった時には、まだひとりで立って身体を保持することは無理だけれども、つかまり立ちができるようになりました。

精神発達に関しては、手指操作や記憶力、理解力など、話しことば以外の面では、健常な子どもと比べると、少し遅いくらいのペースで順調に発達しつつありました。また、洋服を着る時に「万歳して」というと、バンザイポーズをとるなど、理解力も増してきて、欲しいものは指さしして示し、「（いないいないない）バー」ということばも、少しでてきていました。

・ひるむ気持ちとやりたい意欲のはざまで

彼が一歳四か月になったとき、私は「ペグボードの穴からペグ（小さな木でできた棒切れ）を抜いてまた穴にいれる」という課題を、彼の目の前でやってみせて誘うことをしてみました。これは注意の集中力とかなり高度な手指操作力を必要とする、相当むずかしい課題です。健常な子どもがこの課題ができる平均は、一歳二か月です。

彼はこの頃、二つの立方体を両手にもって打ち合わせたり、立方体をカップのなかに入れてガラガラと音をたてる、というような課題が気にいっていました。ですから、このペグの課題にとりくむ準備ができつつあると私は秘かに思っていました。そこで私が彼の前でお手本を示すと、いつものようにじーっとその様子を見ていました。彼にやってみたい気持ちが起こっているのは、ありありでした。でも同時に、すぐに手をださない彼の行動から、彼のこころのなかに「自分はできないのではないか」と、ひるむ気持ちが生じていることも読みとれました。そこで私はもう一度、ていねいにゆっくりとお手本をみせて、彼のひるむ気持ちよりもやりたい意欲のほうをふくらませようと試みてから、彼の前に一本のペグを置きました。

彼の視線は一瞬、そのペグに釘づけになりました。でも次の瞬間、すっとそこから視線をそらせ、あたかも何事もなかったように無視しました。私はこのとき、彼は「いまのボクには無理だ」と判断したと感じました。そこで私はただちに、彼が自信をもってできる、いつも成功させている別の課題に移りました。彼は意欲をもって、その課題にさっととりくみ、成功させました。

・やりたい意欲をふくらませて

そして翌月です。いくつかの課題をやってゆくなかで、手指操作のスキルはかなり上達してきていることがわかりました。そこで、先回提示した課題を、再度試みることにしました。私はお手本を示し、一本のペグを彼の前におきました、今度、彼は、じーっと私の顔をみています。そこで私は、「ゆうくん大丈夫、きっとできると思うよ。やってみよう」とそっと声をかけ、待ちました。彼は明らかに迷っています。今度は迷う時間がこの前よりもちょっとだけ、長いのです。できるかできないか？　やりたいかやりたくないか？　十分できるとはとてもいえない、でも絶対できないともいえない……その葛藤のなかに彼はいました。そしてふたたび、彼が私の顔を見たときに、私は心のなかで「行こう！」とつぶやき、うなづきました。

彼はふたたびペグをみて、ちょっとためらった後、覚悟をきめたように手にとりました。「いいぞ、その調子」と私はこころのなかで呟いて応援します。と、まるでその声をうけたかのように、彼は注意深くペグをひとつの穴の近くまでもっていきました。実はこの課題は、ペグを穴に対してまっすぐに立てないと、穴のなかには入りません。この時はやや斜めに穴にいれようとしたために、入りそうで入りません。私は黙ってじっと彼の指先を見守ります。彼は今回は、すぐには投げ出さず、真剣にとりくんでいます。そして何度かの挑戦の後、ついにペグをいれることができました。「やった！」と私とお母さんが声を発して彼を見たのと、彼がきらきら光る眼差しで私とお母さんを見たのは、ほぼ同時でした。その時の彼の誇らしげな顔を、私は今でも忘れることができません。

・ひけめの育ち

一歳をすぎる頃から、ダウン症の子どもたちはたいてい、ゆうくんと同じような反応を示すようになります。これはダウン症だからに限らず、知的障碍のある子どもたちみんなにあてはまるのではないかと思っています。もちろん、健常な子どもたちの場合にも同じ現象が起こります。

それまでは無邪気にどのような課題にでもとりくみ、できなくても、さしてそのことを気にとめる風でもなく、通りすぎていった子どもたちが、一歳前後に、失敗を避けるために、はじめからとりくむことに対してひいてしまい、あきらめたと思われるような行動をとるようになるのです。

ではなぜ、そういうことが一歳をすぎた頃に起こるのでしょうか。ゆうくんもそうでしたが、この頃はまだ十分に自由に歩くことはできなくても、何がしかの方法で身体移動が可能になり、モノとの関わりが、単につかんだり、ひっぱったりというような単純な動作から、より複雑な操作を必要とするような段階に移行する時期にあたります。つまり、知的な能力が勢いをつけて発達してゆく時期であり、だからこそ、これまで平気だった失敗も、「かっこうわるい」と捉えるようになるのではないかと思います。

目の前にあらわれた課題を前にして、しかもそれがまったく無理というわけでもなさそうなとき、私たちはできるかどうかを自分自身に問いかけます。やってみたい、できそうな気もする。でも失敗するのは怖い……だから、試みる前にあきらめる。私はこれを、失敗するとみじめになるから、最初から課題にとりくむことをやめてしまうという心理機制がはたらいていると考えます。この「できないのではないか」と感じるところが、「ひけめの萌芽」です。

つまり、ひけめという感情は、誰かに「だめね」とか「できないね」などとマイナスの評価を与えられることによって生まれるものではなく、自分と対象（人やおもちゃ）との二者関係のなかで、自分のこころのなかに自然にわきおこってくる感情ではないかと考えられます。そしてこれは、自分が自分に対して感じる、極めて主観的ではあるけれども、おそらくは正しい感覚なのだと思います。

そして人は、できなかった自分をみるのはつらいので、何事もなかったかのようにして、その場をやりすごそうとするのでしょう。そうすることで、自尊心の傷つきを防いでいるのです。これはいわば、一種のごまかしです。しかしいいかえれば、自分を守るための工夫でもあるのです。このように、私は一歳台という早い時期から、知的な障碍のある子どもたちもまた、このような複雑な葛藤を抱き、自分ができないという傷つきを感じる自分があり、そのような傷つきを感じないように防いでいるのではないかと考えています。

しかし、知的障碍のあるわが子が、自分ができないのではないかと脅え、それを感じないように工夫しているということは、通常親ごさんたちは気づきません。その理由は、このような幼少期から、自分の子どもにこのような高度な心理機制がはたらいているということを、思ってもいないからであり、さらには、これはほんの一瞬の間に起こるので、よほどその気になって観察していないと、わからないからなのです。事実、その場で私と一緒にその様子をみている親ごさんたちでさえ、ほとんど何が起こっているかに気づかれることはありません。私がこのようなカラクリがあることを説明し、そういう目線で子どもの行動をみるからこそ、親ごさんたちは「ああそうか、そうなんだ」とわかるのです。

・ただのひけめから劣等感へ

さて、このようにひけめを感じることは自分のなかでの感覚なので、他人の存在は関係しません。しかしそこに他者からの評価が加わることで事態は大きく変わります。

ゆうくんの例に戻ると、たとえば最初に提示したとき、もしも私が強引に彼にペグをもたせ、穴のなかにいれさせようとしていたらどうなっていたでしょう？　おそらく彼は押しつけられたことに腹をたて、ペグを放りなげていたと思います。そしてさらにペグをもたせようとすれば、彼はペグだけでなく机の上にあるものをすべて、放り投げたことでしょう。子どもからすれば、自分がそういう行動をとったのはおとな（この場合は私）が余計な手出しをしたためです。そのことに腹を立てたのです。でも通常、おとなはそういうようには考えず、「せっかく手助けしてやったのに」と自分勝手に解釈し、子どもを叱ることが多いのではないかと思います。このようなズレも、彼らのこころを傷つけます。

また、一か月後に彼が初挑戦したとき、なかなかペグが穴のなかにはいらなかった時に、もしも周囲の人が「アーア」（やっぱりだめね）とがっかりし、ため息をもらしたり、あるいはそういう言葉をいったとしたら、彼はやっぱりペグを投げ捨てただろうと思います。これらは両方とも、見ている親なり検査者が、できるのではないかと自分勝手に期待して、そしてがっかりしているのです。

ペグを放りなげた子どもの行為は、親に勝手に期待され、そして勝手にがっかりされたことに対する抗議と、できなかった自分、大好きな親をがっかりさせてしまった自分自身に対する腹立ちや苛立ち、情けなさなどの感情がいりまじって生じていると私は考えています。そしてこの、親たちの期待と失望が自分の行動に対してくり返されていくなかで、子どもはいつしか、「自分はできの悪いだめな子だ」という否定的な自己評価を育ててゆき、劣等感がはぐくまれてゆくのではないかと考えます。ひけめという感情が次第に、このような周囲の親やおとなとの関係性のなかで、劣等感という感情へと育っていくのだと思います。

・逃がしてあげる・待ってあげる

では一体、周囲のおとなや親ごさんは、こんなときどのように関わるとよいのでしょうか。私はうまく逃がしてあげたり、待ってあげるとよいと考えています。私がゆうくんにしたように、タイミングを間違わず、無理さえ強いなければ、子ども自身のこころのなかに確かにある、「やってみたい」気持ちは少しづつふくらんでゆき、自然に挑戦したくなるのです。

この子どものタイミングを待たずにすぐに直面させようと強いたり、子どもが何とかやったのにうまくできないと、「だめね」「やっぱりできないのね」などとマイナスの評価を与えられてしまうと、やっぱりだめだとへこむでしょう。だからさらに嫌になり、挑戦しようという気がくじかれてしまうのです。失敗は怖いので、その結果、やってみるという行動は起こりにくくなるのです。この場合、親ごさんも周囲のおとなも、よかれと思って周囲が関わっていますが、これは善意の押しつけです。親ごさんの意欲と善意が、子どもの気持ちをくじかせることもあるのです。

「できない」ということは恥ずかしいことではありません。また、「できないのではないか」という脅えも、おかしな感情ではありません。彼らの場合には、とてもたくさん脅えや不安があるだろうと思います。だからこそ、たっぷりと時間をかけて、ゆっくりと自分なりの納得をしながら、少しづつとりくんでゆくことを周囲ががっちりと支えることが必要なのだと思います。

本人をうまく逃がしてあげる術として、私は親ごさんに次のような提案をしています。親が家庭で遊びのなかで手本を示したあと、おもちゃをそのままそこにおき、親だけがそこから離れて、本人とおもちゃの二人きりにしておくのです。これだと子どもは、やってみても誰にも失敗をみられることがないので、心おきなく何度でも挑戦できます。あるいは、子どもが親にくるりと背をむけて、何やらごそごそやるようになったら、これも大成功です。これは自分勝手に試している姿です。この時には親はいないほうがよいのです。成功は、無数の失敗のあとにくるのです。ですから親ごさんは決してのぞきこまず、邪魔をせず、そっとそのままにしておいてあげてください。子どもはこのように「自分で」試行錯誤することを繰り返してゆくなかで、自分なりにできる領域をふやしてゆくことができるのです。そして「自分でできた」という実感こそが、彼らを内側から支える、ささやかな自信になるのです。

このように、逃がすとか待つということは、ただ漠然と子どもの自由に任せておくということではありません。ただ好きにさせるということだと、子どもは自分が伸びるための道具や関わりを、自分で獲得してこなければなりません。知的障碍のある子どもたちは特に、その「自分のためになるものを、自分でひっぱってくる」力が弱いのです。

だからこそ、ちょうどよいタイミングを見逃さず、そこにその子どもの発達に適切なおもちゃや関わりを提供するということが、子どもの発達を助けるために大事です。そしてそれをするためには、子どもを積極的に見ていなければできません。このように、自分のことを暖かく見守ってくれるまなざしを背中に受け、子どもたちは親ごさんとの関係性のなかで、自分なりに自分を育ててゆくのです。しかしこの、どのように見守っていけばよいのかとか、いつ何をするとよいのかということは、親ごさんだけではよくわからなくなりがちです。そんなとき、療育や発達支援など家族以外の専門家に相談できると、親ごさんも助かるように思います。

○自分が自分にめげるとき

子どもが集団に参加するようになると、今度はその集団の構成メンバーとの間で、自分がほかの子どもと比べてうまくできない部分があるということに気づくようになります。同じ集団といっても、保育園や幼稚園の頃にはまだ遊びが中心であるのに対して、小学校では勉強が軸になるので、小学校にあがってから「できない部分がある自分」「みんなとはどこか違う自分」を意識する機会がふえてきます。

よく人にからかわれるとか、ばかにされる、あるいはそのことでいじめられる、というように、他者から実際にいわれたりされることが問題として指摘されます。もちろん、これはよくないことですし、他人からの指摘によって、自分が自分の障碍の部分を意識することはふえるだろうとは思います。しかし、くり返しになりますが、彼らは誰からも何もいわれなくても、そして「知的障碍」とか「○○症」といわれるような言葉で捉えるわけではないけれども、漠然と自分と人との違いに気づいていくものだと思います。つまりまず、周囲と比べることによって自分が自分にめげるのであり、いじめやからかいは、その「めげる感覚」を強化する要因になるのです。

私たちがそうであるように彼らもまた、人に何かをされるのでなくても、小さな傷、大きな傷をたくさん抱えて成長してゆきます。このような、あたり前のこころの育ちを、私たちはすこしづつ、彼らの成長から教わり、学んでゆきたいと思います。

○「疲れ」が大敵

のりくんがお母さんのお腹のなかにいるとき、お母さんが妊娠中毒症になりました。そのためにお母さんは入院し、のりくんは三週ほど早く帝王切開で誕生しました。ですから体重は二一〇〇グラムと、ちょっと小さい赤ちゃんで、母子共にそのまま半月ほど病院にいてから退院しました。うまれた時からからだが弱く、よく中耳炎になったり、熱をだしていたので、小さい頃から彼は病院に頻繁にかかっていました。

首のすわりやハイハイは、平均より二〜三か月ほど遅いながらも、順調に成長していました。しかし二歳をすぎてもことばがでてこなかったので、親ごさんは心配して、あちこちの病院をたずねました。その結果、彼に鼻の病気があることがわかりました。これはとても珍しい病気だったので、それまでわからなかったのです。鼻というのは口にも耳にも密接な関係がある器官です。ことばの遅れも中耳炎も、鼻の病気のせいだということでした。さらに、この病気のために彼に知的な遅れが生じるかもしれないと言われました。親ごさんは驚いて、療育機関に通って言語訓練を受けました。鼻の病気は四歳の時に手術をうけることができ、身体的には完治しました。

　手術をうけてからは、話しことばがよくでるようになりました。幼稚園に通園するなかで、少し幼さはあるものの、みんなにまじって楽しく遊ぶ彼をみて、親ごさんは仲間との関係性のなかで彼の能力がよりひきだされることを願い、小学校は地元の通常学級を選びました。

　一年生では友だちとも家をいったりきたりするなど、楽しい関係が育ち、よいスタートがきれました。ところが二年のなかば頃から、授業中にぼーっとしていたり、ノートに落書きをする、掃除当番のときには遊んでしまい掃除をさぼる、というような行動が頻繁にみられるようになりました。家でも頭痛や肩凝りを訴え、頭に十円玉くらいの円形脱毛症が数カ所、みられるようにもなりました。そこで、今彼に何をしてあげたらよいかと、親ごさんが相談に見えたのでした。

　私は、彼の現在の状態を正確に把握させていただくことが必要であると考え、知能検査をとることをお願いしました。いろんなクイズがたくさんあるという説明に、彼もまた「やってみたい」と意欲を示してくれました。検査がはじまると、彼は積極的にとりくむものの、すぐに疲れてしまいます。疲れると気が散って、課題にとりくむことができません。気が散るから疲れるのではなく、まず、体力的に疲れてしまうのです。

　彼はすぐに、机にペタンコになって「のしいか」のようにのびています。見るからに気の毒で、ちょっと途中で休憩をいれることにしてみました。そうしたところ、劇的に集中力が戻るのです。そこで変則的にではありましたが、定期的に一五分ごとに休みをとりながら行いました。

つまり、彼にはほかの子どもと比べて、顕著な疲れやすさがあることと、疲れがとれさえすれば集中力は回復することがわかりました。検査結果からは、全体的に一歳程度の遅れがあることがわかりましたが、もしも途中の休憩をとらなければ、彼のスコアはもっと低くなったはずでした。つまり、彼には軽度の知的遅れがあるものの、問題はそれよりも疲れやすさにあり、疲れると集中力が一気に低下する、ということで、これが彼の一番の困った点であることがわかりました。

そこで彼と親ごさんにこの結果を伝え、彼の授業中のぼんやりは、知的な遅れからというよりもむしろ、体力のなさからくる疲れであり、集中力が低下することによるのではないかと考えられると伝えました。そうしたところ、親ごさんは、確かに月曜・火曜と週の後半になるにつれて、夜早くねても木曜あたりになると朝すぐには起きられない、起きてもぼーっとしていて、洋服も着替えられないでいるということが語られました。

そこでまず、思い切って週のうちどこか一日を、完全なお休みの日にすることを提案しました。親ごさんがまっさきに心配したのは、そうだとしたら一生、休みをいれなければ生活できなくなるのではということでした。しかしそんなことはありません。人間は慣れてゆくものです。休みをいれることで、身体がしっかりしてくれば、やがては休みをいれないで一日過ごすことは十分に可能になるはずです。また、そういう風にすることで、なまけ癖がついてしまうのではないかということも心配として語られました。もちろん、親ごさんの気持ちはわかります。しかし彼はなまけ者というよりは、しっかりとやりたい子どもなので、しっかりできるための対処としてやってみるのはどうだろう、とお伝えしました。

あわせて勉強に関しても、この状態では学校ではわかるものもわかりません。そこで家庭で、遊びながら休みながら、学習面の手助けをする治療的家庭教師をつけて補っていくことも提案しました。ここまでは親ごさんとの相談で、次は彼との相談です。

・「もう最悪だよ」から「ガスケツですから」へ

彼は二年生になってからしばしば、「どうしてほかの子は落ち着いて勉強できるのに、僕はあきちゃうんだろう」とお母さんに訴え、「もう最悪だよ！」とつぶやき、お母さんに怒られると「ぼくはどうせグズだから」と言うようになっていました。彼がなぜ、ほかの子どもと違っているのかということを、彼なりに理解することが必要な時期になっていると思いました。

そこで私は彼に先の検査結果を伝える時に、「この前のクイズみたいに聞いていった検査は、あなたはお休みをとればできていました。あなたはちょっと何かすると、くたびれやすいのではないかしら？」と尋ねたところ、「うん」と。「それはどうしてだろうって、考えている？」と聞くと、「うん」と小さく頷きます。

そこで続けて、「お母さんから聞いたのだけれども、あなたはほかの子よりもお母さんのお腹から少し早く出てきちゃった赤ちゃんだったんだって。急いででてきちゃったの。だからきっと、お腹のなかでじっくりと育っていく部分がちょっだけ、たりないんじゃないかと先生は思うの。それに鼻の病気もあったでしょう。身体のどこかが悪いと疲れやすくなるものです。この二つのことで、ほかの子よりもくたびれやすいのだと先生は思います。でもだからといって、これはあなたのせいでも、お母さんのせいでも、お父さんのせいでもないの。誰のせいでもないの……」

「でね、この前のクイズでも、少し休むと元気が戻ってきたでしょう？　疲れがへって元気が戻ると、あなたはちゃんと考えてとりくむことができたの。だから、ちょっと『休み休みやる』と、自分がちゃんとできるようになると先生は思うの。あなたはいろんなことをグズグズしたくて遅くしているのではなく、遅くなっちゃうのではないかしら」といったところ、「そうだよ。なっちゃうんだよ」と口をとんがらかして言います。「疲れがとれると、ぐんと楽になって元気になってくるでしょう。たとえば車はガソリンをいれないと動かない。お父さんの車のガソリンタンクは、たとえば五〇リットルだとしたら、あなたのタンクは今はまだ、一〇リットルしかはいらない。でもほかの子たちは三〇リットルはいる。だからあなたのタンクは早め早めにガソリンをいれさえすれば、ちゃんと動くんだと思うの」と伝えてみました。彼は「フーン、そうなの」とちょっと不思議そうに聞いていました。

全体としてはちょっとむずかしい話でしたが、休むとよい、こまめに補充するとよさそうだ、ということは、何となくわかったようでした。そこで途中で休みをいれてみないかという提案をしたところ、ちょっと考えてから了解してくれました。どの曜日を休むかについては、水曜は苦手な体育もあるからそこで休むことにして、担任の先生にも事情を伝えて協力を得ました。そうしたところ、水曜に休むと木曜・金曜と比較的楽に朝起きられることがわかってきました。水曜を一日休むことにしただけで、彼の体力は持ちがよくなり、かなり元気を回復しました。そのために、授業中のぼんやりはへりました。グズだという言葉は完全に消えることはありませんでしたが、ぐずぐずしていてお母さんに叱られると「ボクはイマ、ガスケツですから」と言うようになりました。家庭での勉強の補充も効を奏し、勉強面でものびてきました。いつしか円形脱毛も消えてゆき、三年生の間は順調に過ごしました。

・学校での環境調整に助けられ

しかし四年になると、勉強はこれまで以上にむずかしくなり、クラブ活動もあらたに加わったことから、彼にふたたび「ぼーっと病」があらわれるようになりました。

この時私はまず、学校生活での環境を調整することを助言しました。たとえば彼の学校の席は、先生が自分の目のとどくようにということで、いちばん前になっていました。しかしそれだと何かと目立ってしまいます。そこで、一番後ろの隅の目だたない場所に移動させてもらいました。そして、授業中は自宅で用意した簡単なドリルをし、家では疲れるから勉強はやめる、クラブ活動にいくと翌日起きられないので、クラブは休むようにするなどを、学校の了解もとりながらやってみました。

これらのことで、とりあえず学校で消費するエネルギーの総量がへったことで、彼はふたたび身体的には少し楽になったようでした。しかしここでちょっと気になる行動がでてきました。自宅にもどると部屋にこもり、一人ごとをしゃべることがふえてきたのです。お母さんが聞いていると、まったくの空想の世界で遊んでいるようです。現実が厳しい時、人はしばしば空想の世界に全面的に撤退し、こころの栄養補給を行います。そこで私は、時間が二時間から三時間とどんどんふえていくようなら、途中で声をかけて彼に買物を頼むとか、台所を手伝わせるなど、それが続かないように中断させたほうがよいけれども、一～二時間以内であれば、自由にさせてあげたほうがよいと思うと伝えました。このような工夫によって、彼は何とか学校に通いました。勉強は嫌いでも、工作をしたり絵を書いたり、国語でお話しをつくるといったことは、彼はとても好きでした。

・居場所もできて

しかし五年になると、部屋にこもって空想の世界に数時間もひたっているようになってきました。親ごさんは心障学級への移籍も検討してはみたものの、そこが彼にぴったりとも思えなかったことと、彼自身も「僕は今の小学校を卒業したい」と言って、強く拒否していたので、動けないでいました。

とはいえ、今のクラスにずっといるのも厳しさを増しているように思えました。当時まだ、その地域には、不登校の子どものための適応指導教室のようなものがなかったので、さまざまな理由で学校に行けなくなっている子どもたちが昼間過ごす私塾を、親ごさんが探してきました。彼がそこにいったところ、自由に遊びながら勉強できるということが気にいったようでした。そこでその私塾と学校を併用することにしてみました。

この時期、私塾のほかに彼を支えたものがもうひとつありました。彼は隣に住んでいるおじいちゃんから、小さい頃から碁を教えてもらっていたのですが、私塾の先生も碁がうまい人でした。私塾の先生の家には週末になると、近所の碁の好きな人が集まってきていて、碁会所のようになっていました。そこで彼もまたそこに行って、おとなの人たちと碁をさすようになりました。彼は小さいのに結構うまかったことと、やさしい子だったので、みんなに可愛がられました。このように、好きなことを思う存分にできる場ができたことと、うまいと褒めてもらえること、さらにはそこで腕をみがいて上達していっている手応えなどが、彼にとっての精神的な支えとなり、安定してゆきました。

そして中学に関しては、勉強に重点をおいている学校ではなく、おちついて学校生活を送ることのできるところを受験して合格し、そこに行くことになりました。お母さんは卒業のとき、「彼の疲れやすさをみていると、彼の抱えられる許容量は、ほかの子どもたちと比べてずっと小さいのだということがわかります。だとするならこれからも、彼がはじけてしまわないように、その許容量を超えないくらいのペースでゆっくりと生活しながら、彼が社会に巣立ってゆけるようにしていってあげたいです」と語っていました。

彼はもちろん、体力がないだけではなく、軽度ではありますが知的な遅れがあります。それはこれからも、ずっともっていかなければなりません。だとしたらなおのこと、彼のこころと身体が壊れないように、彼なりのペースを大事にして、それにあわせて生活の仕方を工夫しつつ、彼なりに育っていけるとよいのだと思います。

・「空想の世界」という友だち

現実が苛酷なとき、知的な障碍のある子どもたちはしばしば、空想の世界をつくりだし、一人でおしゃべりをするということが起こります。ひとりでぺらぺらとおしゃべりする場合もありますし、空想上の友だちをつくって、その人とおしゃべりするという対話型になる場合もあります。これ自体は基本的には病的な状態ではありません。もちろん、頭がおかしくなったのでもありません。

そのお話は、架空の話である場合もありますし、実際にあった現実の話がネタになる場合もあります。学校で叱られたシーンをそのまま再現させたり、反対に自分が先生になって、生徒にいろいろ指示したり叱ったりしているような場面があらわれることもしばしばあります。本人の記憶に残ったシーンを一人遊びのなかで、くり返し再現させ、再体験させることによって、おちついて自分なりに、理解したり納得しようとしたり、あるいはそこで反論してみたり……としている工夫なのではないかと思います。

現実からまったく関係のない、自由に創作した世界に飛んでゆく場合もありますし、映画やテレビの世界がでてくる場合もあります。この場合は自由に空想の世界に飛翔することによって、彼らはそこで心理的なエネルギーを補充しているのだと思います。というのは三〇分とか一時間、自分の部屋にこもって空想遊びをした後、居間にでてきたとき、彼らは比較的よい表情をしていると親ごさんが語られることが多いからです。

もちろん、空想の世界に遊ぶことは、現実からの逃避であることは確かです。しかしこれは苛酷な現実からうまく逃げることによって、こころが苦しくなっている状態を、彼ら自身が何とかしようとしている工夫です。私はこれを、空想の世界を友として、現実を生きぬこうとしているたくましさ、と理解しています。このような時空間を、ただ意味ないからとか危険だからといって無理やりとりあげてしまっては、逃げ場を失わせてしまいます。そうなると、もっと事態は悪化することが多いのです。

ただし、あまり過剰にそこにひたってしまい、空想の世界の方が肥大してしまうと、現実と空想が反転してしまう危険があります。そうなると病的な状態になってゆきます。このことは十分に気をつけておかなければなりません。また、自宅でひとりでおしゃべりしている分には、周囲の者がわかっていればよいのですが、学校や道などでひとりでおしゃべりしているようであれば、ヘンな人と映ってしまいます。だからできれば、外ではやめて家でだけするというように、場所を区切ることができれば、そのほうが本人も守られるように思います。

家で空想の世界と遊ぶことは、基本的には一時間程度なら、やめさせようとせずにその遊びを守ってあげるとよいですが、親ごさんが一緒にいるところでしゃべっているような場合には、用事を頼んだりするなどして時々現実にひき戻すようにするのは、必要以上にはまりこませないひとつの方法でしょう。自分の部屋にとじこもって二時間以上も活発にお話をしているようなら、お風呂にはいろうとか、テレビをみよう、おやつをたべようなど、御用をつくってリビングに誘い出して、空想遊びをいったん終わらせることも必要です。なぜなら、自分では途中でやめることがむずかしいからです。あわせて、何が本人の負荷となっているかを周囲の者が考えて、調整できることを探してみることもよいでしょう。

のりくんも、最初は空想の世界だけが逃げ場になっていましたが、私塾や碁をさす場を得たことによって、ひとり遊びの空想の世界にいる時間は、ずい分へってゆきました。やはり現実の生活のなかで、具体的に誰かと関わることができ、しっかりと自分の居場所ができてゆくと、空想の世界の役割は小さくなってゆくようです。

空想の世界に遊ぶ傾向は、子ども時代だけのことではありません。成人になって以降も続くことが多いのです。というのは、わが国においては、知的障碍のある人々は心障学級や養護学校を卒業してしまうと、家族との関係が中心になり、友だちとの関係が極端に少なくなりがちです。家族以外の人との実際の関係が少なくなるので、彼らは空想の世界をつくったり、あるいは想像上の友だちをつくりだし、その人とおしゃべりするなど、疑似的な関係性の世界をつくりだして、そこで自分を開放させてこころに栄養補給をしているのだと思います。

そう考えていくと、ガイドヘルパーさんたちとの関係は、彼らにとって家族以外のおとなとの新鮮な関係になっているように思います。人はやはり、人と関わりたいのです。

3

他者との関係性のなかで――物語を紡ぐこと――児童期

幼少期に自分との関係性のなかで、できることがあると「自分はすごいぞ」と誇らしくなったり、できないことにひけめを感じるなど、さまざまなことを体験していった子どもたちは、小学校にはいると本格的に他者との関係性の世界に入ってゆきます。友だちとの暖かな情緒的交流は、こころを豊かに育てます。人やモノとの新しい関係は、彼らの好奇心を刺激して意欲や能動性を育てます。一方、勉強面では高学年になるにつれて、よくわからないことがふえてゆきます。

近年、就学相談の判定で心障学級や養護学校が適切である、という判断がだされても、親ごさんの意向が尊重されるようになっていることから、知的障碍のある子どもたちも、小学校は通常学級からスタートさせることがふえています。このような判断をする親ごさんの多くは、子どもが勉強面では、やがてはついてゆけなくなるとしても、それはその時に考えたい、とにかく学校という社会の入口では、あたり前のことをあたり前に体験しながら地域の子どもやおとなたちとの関係を育てたい、そういうごくふつうの環境のなかでよいものをたくさん吸収して育っていって欲しいという願いをもっています。子どもは自分の住んでいる地域で育ってゆくので、その地域の一員として、人々に理解してもらいながら生活していきたいと考えるからです。

ちなみに以前は健常な子どもとはわけて教育を行うことが優先されていましたが、現在では健常な子どもと障碍のある子どもたちをさまざまな形で交流させるなどして、統合して教育しようというインテグレーション（統合教育）という考えをへて、それぞれの障碍のある子どもたちに必要とされる特別なニーズを支援していこうというインクルージョンという考えに移行してきています。実際「勉強は大嫌い、でも学校は大好き」といって元気に通学する子どもは、たくさんいます。勉強だけが学校のすべてではないのです。

○就学への迷いと親の願い

知的な障碍のある子どもの親ごさんにとっては、小学校をどこにきめるかという学校選択は人生の一大事といってもよいほどの大きな課題といえます。わが国でも二〇〇三年から文部科学省で提案された特別支援教育により、制度や名称が大幅に変化しつつあるさなかですが、とりあえず大きく通常学級（普通学級）、心障学級、養護学校という三つが選択肢としてあります。

通常、秋頃に各教育委員会が行う就学相談という制度があり、そこで親ごさんの考えと子どもの状態を把握したうえで、個々の子どもにどこが適しているかということに関する総合所見が、専門家たちによって提示されます。学校側としては、知的な障碍のある子どもが通常学級にはいっても、クラスの人数が多いために、十分に手をかけることができません。勉強面での伸びを考えるならば、より少人数の子どもたちにていねいに関わることのできる心障学級に在籍したほうがよい、という判断がしばしばなされます。教育の世界にいる先生方がそう考えるのは無理ないことです。しかし親ごさんたちはもっと長期的なスパンで彼らの人生を考えています。人生がもし八〇年だとしたら、その八〇年を支えるために、何を今、どうしてあげたらよいのか、どういうスタートをきらせてあげるのがよいのか、ということを親ごさんたちは考えているのだと思います。その意味では、勉強はひとつの選択肢でしかないのです。現在は結局は、親ごさんの意向が最大限尊重されるようになっているように思います。

私も就学をめぐる相談をたくさん受けてきています。その経験からいうと、どこの学校も同じということはありません。校長先生などの管理職や担任が、どのような考えをもっているか、障碍についてもどの程度理解しているかということなどは、学校によって大きく違いがあります。ここがいい、という地域があれば引っ越します、ということもよく言われますが、そういうものでもないのです。ですから親ごさんさんたちには、実際に目でみて確かめ、先生方と話をしながら選んでゆくようにと助言しています。いずれにしろ、ここに入れれば絶対安心、というところが見つかるわけではなく、結局はいっぱいの不安を抱えて、入学式を迎えることになるのです。

知的な面で「自分にはできないことがたくさんある」という感覚は、通常学級・心障学級・養護学校のどこに在籍したとしても、本人が直面することを避けることは不可能だと思います。

たとえば心障学級や養護学校では、同じ学校や学級のなかに、さまざまな障碍のある子どもたちがいますし、時間も通常学級よりはずっとゆっくりと流れるので、通常学級ほど他者と自分を比較することは少なくなるでしょう。だから楽にはなるのです。しかしその子どもたちも、いったん自分の学級や校門をでれば、その守られた空間とは違う世界のなかに放り出されます。校庭や通常学級との交流で、スーパーや公園で、図書館で、そして駅や道で人々と触れ合うとき、彼らは自分で自分の異質性にふれざるをえないのです。

彼らが不登校になったり、家で暴れたり小さい症状をだしても、何がどうだからこうなったというような物事の筋道が外側からはよくわかりません。その理由のひとつは、彼らが話しことばをうまく扱えないから、ことばで説明してくれないからです。しかしそれだけはありません。もっと大きな理由は、おとなたちが自分勝手にその行動の意味をきめつけてしまい、彼らの内面に耳を傾けようとしないから、彼らも語ろうはしないのだと私は思います。彼らは自分の話に耳を傾け、わかろうとしてくれる相手には、語りたい気持ちがたくさんあるのです。

前の章で私は、知的障碍のある子どもたちは、しばしば空想の世界を友とするということをお話ししました。誰からも邪魔されず、自由に好き勝手にお話をつくり、それを演じることは面白いことですが、それと同時に、彼らもまた、人との関係性のなかで自分の物語を共有し、わかちあってもらいながら、「誰かと一緒に自分の物語を紡いでゆきたい」とも考えているのです。

○「学校には行かない」ときめて

私が冬子さんに会ったのは、彼女が小学校三年の冬でした。お母さんは彼女がまだお腹の中にいたとき、切迫早産の危険があったので入院しました。安定したので一度は退院したのですが、赤ちゃんが小さいことが超音波でわかったためにふたたび入院し、三八週のときに誘発分娩で生まれました。彼女は二八〇〇グラムの元気な赤ちゃんでした。

首のすわりは四か月、おすわりは六か月、はいはいをせずにつかまり立ちをしたのは八か月と、ちょっとゆっくりペースではありましたが、身体的には比較的順調に育っていました。しかし一歳半をすぎても話しことばが出てきません。健診の時に若干の遅れがあるかもしれないといわれ、検査をうけて言語を中心とした療育相談をうけることになりました。

小集団の療育相談をへて、三歳からは小人数で自由保育をしている保育園に入園しました。まだうまくしゃべれない分はパントマイムで補いながら人と積極的に関わり、レジスターを見つけると買物ごっこをするなど、彼女には、次々に遊びを広げてゆくイメージの豊かさがありました。そのために保育園では、常にたくさんの友だちとの関係性の輪のなかにいました。小学校一年生になる頃には、きまった時間で終わることがむずかしいという、切り換えのむずかしさはありましたし、軽度ではあっても知的障碍もありました。しかし、他者とのやりとりに困らない程度にはなしことばがふえたことから、親ごさんは他児との交流を求めて、彼女を通常学級に入学させました。

彼女が一年生に入学して一番困ったのは、着替えなどのテンポが他の子どもの二倍ほど長くかかることでした。彼女は何でも、とりかかるまでにも時間がかかりました。しかし徐々に保育園とは違う学校のペースになれてゆき、基本的には友だちにまじって、元気に学校に通っていました。

彼女に変化が訪れたのは三年生の時でした。秋の運動会にむけての練習を、ぐずってやろうとしません。ぎしぎしと音をたてて歯ぎしりをするようにもなり、鼻をクンクンとならし、首を横にかしげるなど、チック様の症状もでてきました。さらにある時、授業中に離席して、無断で図書室にいってしまいました。彼女がどこに行ったのかがわからなかったために、先生方が全員で捜索をする大事件になりました。このような脱走が数回くり返されたため、担任の先生は、これでは責任が負えないからと、お母さんに日中教室にはいって彼女につきそうようにと依頼しました。

お母さんは迷いつつも、そうしてもらえなければこのクラスにいてもらうことはできないという学校側の強い要求に、しぶしぶ学校に行きました。彼女は廊下でお母さんをみつけた途端、「何しに来たのよ、帰ってよ！」と猛烈な勢いで怒り、この事件をきっかけに、彼女は学校に行かなくなりました。

・プレイセラピーに通いはじめる

そんな状態で困惑し、お母さんは彼女を連れて相談にきました。はじめて会ったとき、冬子さんは緊張し、暗い表情でうつむいたまま座っていました。自己紹介をしてから、面接室よりも遊ぶおへや（プレイルーム）がよいかと思うのでと誘ったところ「いやだよ」と言葉では反射的に反発しつつ、遊ぶおへやという響きに、身体は前にのりだしてきていました。

そこで私は、「せっかく来てくれたのだから、ちょっとのぞいて見てみない？」と誘ったところ、「ママも一緒ならいい」と。「もちろん一緒よ」と、みんなでプレイルームを見にいきました。部屋に入るとそこには玩具がたくさんあります。「わー」っと歓声をあげました。「まず、お母さんのお話を聞きたいので、ここで遊んで待っててくれる？」にもちろん「ウン」。そこで部屋の隅で、お母さんから先の、登校を拒否するようになったいきさつを聞きました。

お母さんから話をうかがった後、私は彼女と遊びました。買物ごっこをしようとしたり、切符をだしてみたりしながら、私がどのように関わるのか、彼女はじっくりと私を観察していました。私が彼女に指図をしたり、余計なことをする人なのか、彼女のしたいことを尊重してくれる人なのかどうかを、遊びを通して判断しているのがわかりました。

たとえば玉ころがしでうまく玉がゴールせず、途中で落ちてしまうとき、彼女はどういうメカニズムでうまくいかないかを考えているように思えました。そこで私は、少し待ってから「もしかして、〇〇を〇〇するとどうだろう？」と提案してみました。「そうね」と彼女。そのように自分で直そうとするけれどもうまくいきません。そこで私が「お手伝いしようか」と言ったところ、「そうね、お願い」と。そこで私が直したところ、うまく玉が転がりました。「やった！」とおもわず二人の笑顔が重なりました。このように、押しつけがましくない、控えめの助力は彼女にはよいようでした。

続いてごはんセットを用意して、ガスに点火して、フライパンをのせて調理します。日頃、お母さんの台所での様子をよくみていることがわかります。彼女はおかずをたくさんつくり、二人で食べていると「あ、煙がみえる！」。ガスこんろで変なものをもやして火事が起こってしまいました。さあ、大変です。この事態に二人で慌てて火を消してゆき……、というような遊びでこの日は終わりました。

このような関わりをプレイセラピーといいます。プレイセラピーというのは、おとなはカウンセリングといってことばでやりとりするのに対して、子どものセラピーでは、遊ぶ行為を通してこころとからだとことばで関わり、そこに表現された問題をセラピストがよみとりながら、子どもの問題を解決してゆくのです。

私はこのとき、彼女にはたくさんの食事をつくりだす活動性の高さと、次々に面白い遊びをつくりだしたり、みつけていく想像力の豊かさがあること、しかしプレイのなかで突然火事が起こったように、うまくいかないことが生じており、それが登校拒否という形で現れたのではないかと感じました。また、最初の私への関わりの慎重さから、彼女は人が自分にどのように接するかということで、人を判別していることもわかりました。もし私が強引に彼女をプレイルームに誘っていたら、彼女はその押しつけに対して反発し、以降、相談に来ることをも拒んだのではないかと思います。この時彼女のこころの中には、行ってみたいけど不安だし、不安だけども興味もあって、というような葛藤がありました。葛藤がある時には、こちらが言うとおりにさせようとしないで控えると、不安が低くなり、反対の行ってみたい関心のほうが強くなってくるのです。こころとは、そういうものなのです。

彼女とのプレイセラピーの最後に、「先生は今日、冬子さんと遊んでみて、冬子さんがいいものいっぱいもっていることがわかったの。だけど同時に、ちょっと疲れているんじゃないかとも思ったの。もう少し元気をとり戻すために、ここに来て一緒に遊んだり、お話したりしてみない？」と提案しました。私の言葉をじっときいていた冬子さんは、ひとこと「そうだね」と。こうして四年間にわたるセラピーが始まりました。以降彼女は、私をほかし、はみださせる遊びを行って、自分の学校での体験を再現させるなど、さまざまな遊びを通して自分のこころを回復させ、成長させてゆきました。

三年の冬に彼女の家に遊びにきたクラスの友だちが、「学校は楽しいよ、行こうよ」と誘ったのに対して、彼女ははっきりと「イヤだ、学校は楽しくない」と断りました。四年になって先生方が集まって、彼女が学校にこれるように「校門まで」「げた箱まで」「ウサギ小屋まで」と少しずつ学校の内側に近づけていったらどうか、という案を親ごさんに提案し、親ごさんが彼女に伝えたところ、きっぱりと「冬子は元気じゃないから、学校にはいかない」といいました。

学校は定期的に親ごさんとの面談をくり返し行い、学校に来られないなら心障学級に移籍して欲しい、という提案をしていました。親ごさんは心障学級に関しては、見学には行ってはみたものの、あまりに静かすぎて、みんなが一斉に先生の指示に従って行動する様子にまるで軍隊のようだと感じ、彼女に適したところだとは思えないと感じていました。私もそれを聞いて、親ごさんと同じ印象をもちました。

・「切り刻まれ物語」を変えていく

セラピーがはじまって一年ほどたったある日、自営業のために自宅で仕事をしているお父さんから、彼女がセラピーから帰ってくると、すっきりとしたいい顔をしていること、週に一度は公文の塾に行っているのだけれども、いつもは周囲からの人目を気にしてしまい、勉強がはかどらないのだけれども、セラピーの帰りに塾に寄った時には、人目も気にせずに五枚のドリルをさっさと片付けて帰ってきて驚いた、ということが親ごさんの面接のなかで語られました。

彼女にとってはふだん、自分がよくできない、わからないところがあるために、周囲に対してひけめがあり、学校に行っていないことも負い目になっているようでした。だからまわりから変な目で見られているのではないかという不安が強くなるのだろうと思われました。でも、セラピーに来ると精神的なエネルギーが豊かになるので、そういう負い目やひけめがあっても、あまり気にならなくなるようでした。だとすればなおのこと、彼女のエネルギーをより充実させてゆくことが今の彼女に必要でした。

そこで時々、私から彼女の様子を学校に伝えることにしました。具体的には自宅では毎日スケジュールをくんで大枠で時間割りにそって遊んだり簡単な勉強をしたり、リトミックや公文の塾に通っていること、彼女はまだどういう形で学校と関わっていくか、まだ悩んでいるので今の学校に通うにしろ、心障学級に移ることにしろ、時間をくださいという手紙を書きました。

その頃は、どろぼうごっこで刀や鉄砲で「やる・やられる」という遊びが中心でした。私の刀では彼女は傷つかないものの、私は彼女にめったぎりされたり、矢で腕をいぬかれたりと散々です。彼女は私をめった切りしたあと、ほとんど放心状態になっています。これはもちろん、彼女の苛酷な現状をあらわしていると私は感じていました。しかしこのままの形でプレイを続けていっても、彼女が心理的によくなっていくとは思えません。彼女が生きていく過程で苛酷な目にあうことは、これからもずっと続くわけであり、そういうことが生じたときに、彼女がうまく切り抜けられるような力を育てることが、セラピーの課題であり、私の役割だと思いました。具体的にはこの、「切り刻まれ物語」を何とか変容させていくことです。

そこで考えた末、この苛酷さをジョークでくるみこんで笑いにもっていってしまう手を思いつきました。具体的には、私のからだが彼女の刀でバラバラに切り刻まれたとき、「こっぱみじん！」と言ってその後、切られた手足をくっつけて再生させるのです。ただこの時、私はあわてて手足をくっつけようとするために（わざと）混乱して、左手を左足のところにくっつけてしまったり、右足を鼻にくっつけたりしてしまう、ある時は頭の上に左手首をのっけてしまうのです。そして「あ、間違えた！　アートみたくなっちゃった」「あれ、こんどは阿修羅《あしゅら》だ！」と言いながら、それらをふたたび元の位置にあわてて戻そうとするのです。こういうことを、言葉でぜんぶしゃべりながら、バタバタと元のからだに戻していく、という行為をプレイにしてみました。そうしたところ、これまで放心状態だった彼女が、ゲラゲラお腹を抱えて笑いだしてくれました。これは見事成功です。この遊びのなかで私は、やられてもやられてもユーモアを交えて再生させ、たくましくよみがえる自分、というイメージを彼女に伝えたかったのです。これからも彼女の人生のなかで困難なことは、たくさん起こることでしょう。そんな時、こんな風にジョークをつかって、物語を書きかえていくことができるんだよというメッセージも、伝えたかったのです。

彼女はこの遊びがすっかり気にいり、二年間毎週ずっと続きました。そして私だけでなく彼女もまた、自分も地雷をふんでこっぱみじんになった後、私と同じような手続きで、たくましく自分をよみがえらせることができるようになりました。

・学校にちょっと戻る

六年生になったとき、変化が訪れました。生徒たちの間から、ホームルームでずっと学校を休んでいる冬子さんに、何か自分たちでできることはないだろうかという提案が起こり、学校の様子をビデオにとって、冬子さんにプレゼントするということになりました。作成されたビデオに彼女の心は少し動いたようでした。さらにその時の担任の先生は、本の好きな彼女のことを考えて、彼女の家に学校の図書館から本を借りて家庭訪問をしてくれました。これははじめてのことでした。彼女はうれしかったのだと思います。

この頃にはプレイのなかで彼女は、「切り刻まれ物語」遊びを通して、たくましく再生するようになってきており、精神的に少し余裕がうまれてきていたこともよかったのでしょう。彼女は訪問した先生と、今度は自分が「この本を返しに行く」という約束をしました。その後少しづつですが、図書館に行って本を返す日、借りる日、読みに行く日、というように、「学校に行く日」をきめて、学校に行くようになりました。ただ、「そろそろ教室に行く?」には最後まで「ヤダ」と断っていました。そして、彼女は卒業証書を校長室で受けとり、小学校を卒業しました。六年の時の最後のプレイでは、彼女はプラレールをつなげて大きな楕円の線路をつくり、その上を、一〇両編成の電車をジージー音をたてて走らせていました。プラレールの広がりは彼女自身が大きくなったことを象徴しており、そこを動力車が走っていく様子からは、エンジンを搭載した、ひとまわり大きく成長した彼女が感じられました。

「私の気持ちをちっともわかろうとしてくれないような学校には、私は行きたくない」と自分から拒否して学校に行くことをやめた彼女は、少しづつ自分のこころの傷をいやし、エネルギーをたくわえ、たくましさを育てることで学校という社会へ少し復帰していきました。

○わかってくれない人への対処と、わかってくれる人への対処は違う――

・はじかれるから、はじきたくなる

冬子さんと親ごさんからの話を総合すると、彼女の登校拒否のきっかけは、担任の先生との関係にありました。一～二年の先生は、なかなかペースのつかめない彼女のことを、どうしたものかと困りはしたものの、とりあえずは見守ってくれていました。しかし三年の担任の先生は、「冬子さんは、この学校にくるべき子どもではありません」心障学級が適切です。ここにいるのは、彼女のためになりません。とだけ言い、彼女をわかろうとはしませんでした。そして学校で起こった困った事態を、ひとつひとつこと細かに電話でお母さんに報告しました。そのためにお母さんは、一時、電話が鳴るとめまいが起こる症状がでてきて、「親も学校に行きたくない」と言うようになりました。そのために、きめられていた学校との週一回の面談日には、お父さんが行きました。

彼女が一番嫌がったのは、ほかの子の親は学校に呼ばれないのに、自分の親だけが特別に呼ばれたことであり、しかも、自分に何の相談もなく、勝手に呼ばれたことでした。このことを私は、セラピーがはじまった当初に彼女から直接聞きました。私はその時彼女に、「だったらもし、先生が冬子さんのことが心配で、先生だけではうまくできないから、お母さんの力を貸して欲しいけど、いいかしらって聞いてくれたら、どうだった?」と聞きました。彼女は「それならしょうがないね」と答えていました。もちろん、実際にどうしたかはわかりません。しかし、担任の先生にこのように彼女自身に聞く発想がなかったことが問題だったと思います。

そしてそのことに、彼女は深く憤り、傷つき、絶望したのだと思います。

ところが六年の時の先生は、彼女がお話しが大好きだと知ると、学校の図書館から本を借りてきて尋ねてきてくれました。クラスのみんなも、ビデオで学校の様子を伝えようとするなど、学校を拒否していた彼女を学校の側がすっぽりと包み込んでくれました。ここには彼女をクラスの一員として尊重し、彼女に「戻ってきて、一緒に勉強しようよ」という暖かいメッセージが感じられます。だから彼女は、先生に会いに学校に行くようになったのだと私は思いました。

・わかってもらえるからこそ頑張る

相手が自分をわかろうとしてくれる場合と、全然わかろうとしてくれない場合で、子どもが自分を見せるものが全然違ってくる、という例として、もうひとり良くんのケースをお話ししましょう。

良くんはダウン症。軽度の知的障碍がありました。通常学級に入学した彼の学校生活は、波あり谷ありの連続でした。彼は学校で、ちょっとことばはたどたどしいけれども、よくしゃべる、明るく元気な子どもでした。小学一～二年生の頃は、彼のことをよく理解し認めてくれる先生が担任でした。

しかし三年の時の担任の先生は、彼には知的障碍があるのだから、何をいってもわからないに違いない、彼はここに来る子どもじゃない、心障学級が適切だと頭からきめつけた先生でした。おそらくはその雰囲気が、良くんを心理的に傷つけたのだと思います。彼は三年になった最初から、学校ではひとこともしゃべらなくなったのです。

それまでの彼は、先生に指されると、それなりに答えており、特に国語は好きだったので、あてもらうと喜んで朗読していました。しかし三年からは指されると黙ったまま、泣くようになったのです。ですから一見、先生の「彼は何もわかっていない」ということは、あっているかのようでした。結局、彼はその先生が担任だった二年間、学校ではひとこともしゃべらずに過ごしました。

五年になるとクラス替えがあり、やさしい女性の先生に担任が変わりました。先生は彼のナイーブな感受性をすぐにわかってくれました。こういうことは理屈ではありません。彼はふたたび学校でしゃべるようになりました。五年の終わり頃には、彼の学力は、国語は四年生程度、算数は二年生程度で、それなりに落ち着いて過ごしました。

この三年の時と五年の時の差は何からくるのでしょうか。明らかな違いは、担任の先生の彼に対する捉え方です。三年の時の先生は、彼のことをことばのない、何も理解できない子で、ここにいるのは場違いだと決めつけていました。知的障碍のある子どもは、知的な能力の発達が障碍のために抑えつけられる分、ほかの能力が発達します。彼は豊かな感受性をもっていました。先生が彼を認めていないので、彼もまた、先生に対してこころを開かなくしたのでしょう。そのために結局彼は、見事に先生の捉えた自分を演じました。そして、五年からの自分を理解してくれる先生に対しては、自分の能力を全開にして、自分自身も成長してゆきました。

・「親ばか」のススメ

良くんに関しては、幼い頃にも似たようなエピソードがありました。私は一歳三か月の時、はじめて彼に会いました。三か月で首がすわり、一歳のお誕生をむかえる頃には、まだ歩くことはできないながらも、からだをごろごろと転がしながら部屋のなかを移動していたそうです。四か月の時から地元の発達援助に通っていました。通いはじめるとバーバー（おばあちゃん）、ブーブー（車）などがでてきました。そして一歳三か月の時には一人でお座りができるようになり、それに伴いアタ（あった）、イタ、デタ、キタ、トテイ（時計）、〇ンゴ（りんご）、キ〜オ（きいろ）、ヘッシュ（ティッシュ）……など、五〇以上のことばらしきものがでてきていました。

と、ここまで話をした後、お母さんは私の顔を覗き込むようにして、「良はことばがでていると思うんですけれども。どうですか先生？」と。私は即座に「ええ、良くんはよく言葉がでていると思います」と答えました。お母さんはすぐに「そうですよね！　これ、ことばですよね！」。私「はい、そう思います」。私は何を聞かれているのかよくわからずに答えました。お母さんは「今通っているところの先生は、『ダウン症児がそんなに早くことばがでてくるはずはない。これはまだ、ことばとは言わないんです』と全面的に否定するんです。それでどうなんだろうと悩んでいたんです」と。

実のところ、この時点での良くんのことばは、まだ不明瞭なものが多いので、しっかりと聞き取れる段階にはいたっていません。ただ、この漠然としたことばは、カメラの焦点を絞りこんでゆく時の過程と同じで、しゃべりこんでゆくことによって、次第に明瞭になってゆくのです。彼のことばは、そのすこし前のところにあり、ことばだといってもよいし、いわなくてもよいというような状態でした。しかし私はこういう前ぶれも、「ことば」と捉えて対応します。というのも、相手がそう捉えてくれるから、人は頑張って、もっと話そうという気持ちになるからです。彼がいっていることばを、何の意味もないからと反応しないでいたら、せっかくしゃべろうとしている彼はがっかりして、話すことをやめたくなってしまうでしょう。どんな小さな芽でも、芽だと思うからこそ、伸びてゆこうとするのです。これが私の方針でした。

お母さんはその先生に良のことばはことばではないと却下され、納得がいかずに私のところに来たのでした。これ以降、彼とお母さんにとって、私は「わかってくれる先生」になりました。だから私のところでは、発達検査でも遊ぶことに関しても、常に彼はフル回転で自分をあらわし、お母さんにいわせると、ほかのどのような場でも見せないほどの、最大パワーを発揮させてゆきました。そのおかげで彼はぐんぐん成長しました。現在彼はダウン症の人のなかでも饒舌《じょうぜつ》にかつ、複雑なことをしゃべるおとなに成長しています。

このように、誰かが自分のことを正確にわかってくれる、あるいはわかろうとしてくれるということは、彼らにとってものすごい励みになるものです。

ここでいう「親バカをする」ということは、親ごさんが子どもの可能性の芽（きざし）をしっかりと大事にするということですが、それこそが子どもの潜伏したままになっている発達の芽を開花させるのです。親ごさんがそうだと思ってくれるから、それが子どもにとって励みになって、抑制されている知的発達をより伸ばし、育とうとする力を後押しするのだと思います。反対に、どうせ知的障碍があるんだから、何もわからないに違いないというように最初から自分をみようともしてくれず、誤解と偏見という眼鏡でみられたら、子どもは育つ意欲を失います。このように、悪意のない偏見が子どもの育ちを阻害するということは、あまり知られていないように思います。いえ、そういうことをしているおとなたちが無自覚で悪意がない分、悪いのだと思います。

このように、わかってもらえないという体験は、子どものこころを挫《くじ》きますが、親ごさんの気持ちも挫きます。同じようなエピソードをもうひとつお話ししましょう。うまれて間もなく病気にかかり、それは手術で完治したものの、中度の知的障碍になったたま子さんは、学校や家庭で暴力がでるようになり、中学一年の時に相談にみえました。経過をお聞きしながらお母さんに幼少期の頃のことを尋ねた時、「それまで線描きでマルだけを書いていた彼女が、マルの左右に小さく弱く棒をひっぱった」というエピソードが語られました。そのとき私は「すごい変化ですね」と言いました。それを聞いたお母さんは一瞬絶句し、おそるおそる「それって、変化ですか？」と。私は「もちろんです。マルで描いていたのは自分自身。そこに手がでたということです。これは彼女が、外の世界とつながりはじめたということだと思います。だからすごい成長なのです」とお話ししました。

この瞬間、これまで緊張しどこか固かったお母さんの雰囲気は、いっきに崩れました。「実は私も成長だと思ったので、その時の娘の先生にそう伝えたのですが、その時先生にこんなことは、何の変化でもありません」とひとことで片付けられてしまいました。お母さんはこの時とても傷つき、それ以降娘が成長しているという考えを自分のなかで抑えつけるようになったのでした。先生がどのような意図で言ったのかはわかりませんが、このことばがお母さんのこころを挫き、以降お母さんにとって癒すことのできない深い傷となり、二度と娘に期待することはすまいというほどのかたい決意をつくりだすことになってしまったということは、おそらくその先生は想像もしなかっただろうと思います。

ちょっとできるとうれしくなり希望がでてくる、逆に、ちょっとできないとがっかりして絶望するというように、希望と絶望の間を揺れるのが子育てです。親ごさんたちは、このような激しい揺れのなかで毎日子どもと向き合っているのです。だからこそ、親の気持ちを挫くようなメッセージは、つつしみたいものです。

○自分なりの納得を求めて

・ずっと悩んで考えた

冬子さんは結局中学はいかず、その間ずっと自宅にいて、毎日のスケジュールを自分でつくって生活し、週のうち数回、絵を描いたり織物を織るおけいこに通う生活をしました。そして一五歳になったとき、養護高校にはいかずに、自分が好きなように日々の予定をくめる、不登校の子どもたちが行く個人の塾に通うようになりました。

中学で不登校していた間もプレイセラピーに通い、彼女は豊かな想像力をもっていたので、遊びとおしゃべりを交えながら、先の「切り刻まれ物語とその変容」のように、いくつもの物語を二人で編み出して関わりました。そして個人の塾にいくようになった時、セラピーはいったん終了しました。

そんな彼女がふたたび私を尋ねてきたのは、二〇歳の成人式を迎えた頃でした。すでに個人の塾を卒業し、どのように将来生きてゆくか、それにあたって今悩んでいることを相談したい、ということで、今度はことばによるセラピーを希望してきたのです。

彼女は、私のことを「こころの相談をきいてくれる、こころの先生」、私のいるクリニックを「こころの病院」と名づけ、月一回くらいのペースで通いました。じっくりと耳を傾けてくれる親以外の第三者がいることは、彼女にとってとても大きな意味があるようで、その時間をとても大事にしていました。

そんなある日、彼女が登校拒否していた時のことが偶然話題になりました。そして自分がなぜ、小学校にも中学にもいかないようにしていたかという理由を、私に教えてくれました（カッコは私が文章を補ったもので、ほかは彼女自身の実際の言葉です）。

「……私は、三年生のとき、先生の行動をみて（学校に行くのはやめようと）思ったの。あの時の先生（担任）は、自分の気持ち（だけ）で生徒（のこと）を怒っていた。先生は生徒の気持ちをちっとも考えていなかった。それは嫌だと私は思った。私は（人というものは）、相手の立場に立って、（悪いことが起こったら）どういうふうに注意したらいいかということを考える（ものだと思う）。でも先生はそうじゃなかった。先生はただ命令していた。命令形で言われるのは私は嫌い。だから行くのが嫌になった。六年の時、私にあう先生ができた。子どもには学校にいく義務がある。だから学校にいかないといけないとも思い、そのことをずっと（悩んで）考えた。

教育って何だろう、って考えた。教育って自由がいちばん。だから好きなことをやってみようと私は思った。好きなことを追求した。それで（小学校は）校長先生のところで卒業した。

中学にはいったら、また学校に行きたくなくなった。というのは（自分が行った校区の）中学にはいじめと乱暴があった。いじめられたり乱暴されたら、私は自分が失われる。自分が自殺したくなる（だろう）。だから私は中学に行くことをやめた。〇〇（個人の塾）にいった方が安心だった。だから〇〇に行った……」と。

彼女はこの時、とても厳しい表情で当時をふり返りながら語っていました。私はここまでしっかりと考えて言語化してきた彼女に、とてもまぶしさを感じ、逆に私の理解の浅さを恥ずかしく思いました。さらに彼女のことばを用いる力が、かつて以上にぐんとついてきていたことにも驚きました。

私は彼女が中学生までの間、セラピストとして関わっていましたが、その当時はここまでの言語化はできていませんでした。この一〇年の間ずっと、自分がなぜ登校を拒否したのか、何が嫌だったのか、何をおかしいと思ったのか、ということが彼女の頭の中にあったのだと思います。ずっと考えていくなかで、次第に自分のなかでつくられていった物語が、上記の理由だったのだと思います。それはつまり、自分のことを理解しようという気持ちのない、ただ命令だけをするような先生だったから、自分は学校を拒否したのだ、という内容です。

もちろん彼女が先生のことを自分勝手に思いこみ、非難していると捉えることもできますが、私には彼女の捉え方が全面的に間違っているとは思えません。大事なのはこのように、知的障碍がある子どもの場合も、自分にとって大事なことに関しては、自分なりに理解しようとするこころのはたらきがあるということです。私たちはやはり自分がしたことを自分なりに理解したい、納得したいと思うものです。彼らもまた同じです。そして彼らも、自分なりの理解がえられると、とりあえず納得することができるのだと思います。

・「エイゴベンキョウシマス」と夜間高校へ

学校との関係で私の記憶のなかに強く残っている子どもに、もうひとり大ちゃんがいます。大ちゃんは自閉的な傾向があり、知的障碍がありました。私は彼が四歳の時からプレイセラピーで関わっていました。

当時大ちゃんは、オウム返しが多く、「でんしゃ」「くるま」というような一語文が多少でているだけで、ことばの遅れがありました。そのほかにも一人遊びが多くて関係がつきにくい、こだわりがある、視線があいにくい、不安も高いなど自閉的な傾向がみられました。しかしセラピーで積極的に関わっていくうちに、半年ほどの間にことばがふえ、私と一緒に遊べるようになりました。そして就学判定の頃には、何とか日常生活に困らない程度にことばがふえ、自閉的な傾向はありましたが、公園などで子どもたちのすることに興味を示し、一緒に遊ぼうとするようにもなってきました。

親ごさんが通常学級にと希望したのは、勉強の面での発達よりも、今この子が求めている人との関わりを積極的に育ててあげたいから、という理由からでした。しかし彼が三年になる時、お母さんが学校に呼び出されました。お母さんは先生にこの時「何度もいってきたように、彼には心障学級があっている。このまま通常学級にいても知的な面では何も伸びない。子どものために心障学級の方がよいとわかっているのに、どうして親の勝手でそうしないのか」といわれたそうです。

お母さんからの怒りで震える声でかけてきた電話で、私はこのことを知りました。「先生って一体何なんですか。どんな権利があって、こんなことを言うんですか。私はこの子が自閉症だといわれた時から、ずっと苦しんできています。何度も寝ている間に彼の首に手をかけ、殺して自分も死のうと思いつつ、でもできないって思って……。そんな思いで生きてきているんです……」。結局お母さんは学校と大喧嘩し、彼も学校に行かなくなりました。

彼は結局それ以降、小学校も中学校も完全に不登校し、義務教育を受けないで過ごしました。もちろん、私は私で心配し、途中途中で学校の先生に手紙を書いて経過報告をしたりもしましたが、応答はありませんでした。さらに彼にも時折、学校のことをたずねましたが、一貫して「イキマセン」と言っていたので、無理強いできないでいました。

彼は学校には行きませんでしたが、中学を卒業した年に、いつも食べに行っていた顔見知りの自宅近くのおそばやさんにいって、紙に「ボクヲツカッテクダサイ。オカネハイリマセン」と書いて、使ってもらうことを申し出ました。おそばやさんのおばちゃんは、昼間の忙しい時間帯をはずして、比較的余裕のある時間帯に彼を使ってくれました。でもお客さんに何かベラベラといわれると、びっくりして逃げ出してしまったり、水のはいったコップを手をすべらせて落として割ると、やはり遁走《とんそう》したりはしてはいましたが……。

私は彼が高校生になる年齢になった時、セラピストを男の先生にかえたいと考えました。というのは彼の男性イメージはお父さんだけだったので、彼の世界にもう少し関わる男性がふえるとよいのではないかと思ったからです。ちなみにお父さんは夜警の仕事をしていたので、彼とはほとんどすれ違いの生活でした。彼は「タナカセンセイデイイデス」といって、はじめのうちはしぶっていましたが、仲間の男性のセラピストと一週おきに交替で関わることで、やがて交代させることができました。

二〇歳をすぎたある日、彼はみずから「クリニックソツギョウシマス」といって、神経科には来なくなり、同じクリニックにある内科だけを受診するようになりました。それ以降は、時々受付で出会うと、「タナカセンセイ、コンニチハ」と声をかけてくれて短いおしゃべりをしていました。そんなある日、彼は「ダイ、ガッコウデ、エイゴベンキョウシテマス」「タノシイデス」と。プレイのなかでもセーフ、アウトなど卓球をしている時に英単語を使っていました。彼は自分から英語を学びたいと思って夜間高校にはいり、高校生になったのでした。
私は彼が勉強したいものができたから、学校に行くことにしたという事実に、ジーンと熱いものを感じました。そして勉強するということは、その場所にせよ内容にせよ、押しつけられてするものではなく、彼のように自分のペースで、したくなったらするというのが自然だなーと思いました。

先の冬子さんも大くんも、小学校の三年からずっと不登校をしているので、正規の義務教育をほとんど受けていません。彼らには軽度の知的障碍があります。しかし、彼らの生きていく歩みに伴走している私には、学校の勉強をしていないから彼らの考えがたりないとか、浅い考えだとかいうことを思ったことは、ただの一度もありません。確かに学校にいかなければ、勉強面での知識は少なくなるでしょう。複雑な算数の問題もとけません。でも彼らは日常生活のなかで、テレビや本、新聞、ゲームやマンガ、インターネットを通して、いろんな知識を吸収しています。日常のなかで考える力を育てています。文字はあちこちに書かれてあるので、文字を読めない子どもはいませんし、買物も、お金をある程度もっていれば、買うことには困りません。現在のわが国で学校に行かないということは、文盲になることではありません。

もしも大くんが心障学級に通っていたら、それはそれで別の生き方があったでしょう。しかしそれをしなかったら、彼の人生が台無しになるわけでも、彼が知的により劣っていくわけでもないのです。学校の先生は仕事上、勉強という視点を重視するので勉強が遅れることを心配し、その子にあった十分な勉強をさせてあげたいという一念から、知的障碍がある場合には心障学級へという発想をもちがちです。もちろん親ごさんたちも、勉強のことをいい加減に思っているわけではありません。でも親ごさんたちは、子どもたちの人生全体を通じてその子どもの核になる、芯になるようなものを、どのように育ててあげられるかということを中心に、いろいろなことを迷いながら考えているのだと思います。この親ごさんの果てしなく、複雑な悩みの前には、勉強ができるようになるということは、ごく一部の重要さでしかないのです。そういうことを尊重し配慮する姿勢で援助者も教育者も関わりたいものだと思います。

知的障碍があると、親やおとなが道をつくっていってあげないと本人たちは何もできない、という考えが一般的にあるように思いますが、子どもたちの成長発達を見ていると、それはおとなの傲慢さではないかとつくづく思います。もちろん、ある程度道を整えていくことは必要だとは思います。でもその一方で、彼らも彼らなりに、自分なりのペースできちんと考え、精一杯、自分らしく生きていこうと悩み、考えているということもまた、忘れてはいけないことだと思います。

○関係性に支えられて

・「私がしっかりしてなかったから」

さゆりさんはダウン症。首がすわったのは三か月と早く、手指操作も比較的器用であるなど、もともと発達が良好で好奇心が旺盛、何事にも集中して熱心にとりくむ性格でした。三歳までの間、はなしことばを除けば、健常な子どもとほぼ同じ程度の発達をしており、軽度の知的障碍がありました。

小学校にあがる頃には、まだ他の子どもたちのようにはしゃべることはできなかったのですが、親ごさんは地域の心障学級が遠方であることと、障碍の重い子どもたちが通っており、彼女への刺激が少なくなってしまうことも心配し、通常学級に決めました。

通常学級では、普通の刺激があたり前のようにはいってきます。彼女は三年生になる頃には、日常会話にはほとんど困らないで、友だちとおしゃべりを楽しめるように成長しました。しかし高学年になる頃には、学習の面でどう頑張ってもついてゆけない、という事実に直面しました。友だちも彼女が勉強についてゆけないということに気づいてきて、いじめのようなことも起こってきました。そして授業であてられることへの怖さから、六年生になったとき、彼女は不登校になりました。

具体的には朝起きると彼女は、目をぎゅっとつぶって、おなかをポンポン叩いて「お腹がいたい」と訴え、「だから学校にはいけないの」とおふとんから出なくなりました。さらには何事にも頑張っていた彼女が、ちょっとやりかけては「わかんない」と途中で放り出したり、抜毛症もあらわれました。そこで学校を休ませて、中学入学を機に心障学級に移り、そこからは楽しい学校生活を送りました。

そんな彼女が成長したある時、「私には障碍があるの」と仲よしのお姉ちゃんに語りました。「お姉ちゃんはしっかりしてたでしょう」と。「私はしっかりしてなかったから、小学校のときいじめにあったの」と。

お姉ちゃんは後日私に、彼女が小学校の時に自分がいじめにあったこと、そして不登校になったことにずっとひっかかっていて、何年もの長い時間をかけて、自分のなかでそのことを考えて深めてゆき、こういう言葉になっていったのだろうと語りました。

もちろん彼女がしっかりしていなかったから、いじめにあったのではないでしょう。でも彼女は、自分がしっかりしていなかったから、いじめにもあったし、学校に行けなくなった、というように、自分に責任があるととらえることで、この事態を納得しようとしたのだと思います。

・関係性のなかで明確になってゆく

私が冬子さんやさゆりさんの、こういう話を聞くことができたのは、偶然でしかありません。でも知的障碍のある人々が、このように何年もかけて、自分のまわりに起こった出来事を何とか自分なりに理解していこうとしているということは、あまり知られていないように思います。そしてそれは、彼らのように軽度の人だけがそうなのではありません。中度や重度の人の場合には、彼らのこころの動きがより一層、外側からはみえにくいのだと思います。

メッセージというのは、読みとってもらってはじめて意味をもってきます。残念なことに、知的障碍のある子どもたちのメッセージは、しばしば読みとってくれる他者がいません。それに加えて、知的障碍のある人々は訴えかける力が弱いので、受け手である対話の相手が、そのメッセージを読みとろうとする姿勢を強くもってないと、とり落としてしまいます。とり落とされてしまうと、彼らはそのまま胸に秘めてしまいます。そして次にそういう他者がくるまで、箱のふたをしっかり閉じてしまうのです。冬子さんが私に話し、さゆりさんがお姉ちゃんに話したように、二人には共に話をしてみたいと思う他者がいました。そしてその他者とは、その人の話にちゃんと耳を傾けて聞こうとする気持ちのある人でした。そういう他者がいることに支えられて、彼女たちの自己理解は深まっていったのだと私は考えています。このように、自分の話を聞こうとしてくれる誰かがいるという、他者との関係性があるからこそ、その人にむかって語ろうとし、語ることを通して徐々に自分のなかで、明確になってゆくのだと思います。

また他者との関係性のなかで、彼らの固定化した物語は変容をとげてゆきます。先の「切り刻まれる物語」で、私がジョークでくるみこむ応答を思いつかず、バラバラに切り刻まれるプレイをただひたすらくり返していたら、この物語は破壊で終わるストーリーとして固定化されてしまい、修復される変容の物語にはなっていかなかったと思います。このように一人ではできないことでも、誰かほかの人が加わって、二人の力があわさると、新しい物語を紡ぎだすことができるのです。

彼らはゆっくりと自分自身のなかで内的対話をくりかえし、自分なりに理解と納得をえようとしていきますが、それに加えて、他者との関係性の世界がある場合には、自分ひとりの孤独な理解を超えて、他者と共有することのできる理解へと育ってゆくことができるのです。そしてそういうことを、彼らも望んでいるのだと思います。そしてある程度おとなになると、対話の相手は親ではなく、家族以外の第三者を求めるようになるようです。

○自分と自分の障碍を折りあわせてゆく

・自分の障碍への気づきと親の姿勢

さゆりさんはある日、お姉ちゃんに言ったそうです。「私にはハンディがあるの」と。「『ハンディ』ってどんなものだろうね」と言ったところ、彼女は「この前教会で結婚する人がいて、結婚おめでとうって書いてある『け』のところを私は『つ』って書いちゃったの」と。でまわりにいる人がその「つ」って書いたのをみて笑ったそうで、彼女はなんか悔しくて、これが私のハンディだって思ったということを語ったそうです。

そこでお姉ちゃんが、「でもハンディがあったら、困ったことがあったら誰かに助けてもらえばいいんじゃないかな」と言ったところ、「そうなの。○○さんていう人はそれをわかってくれる人だったの。他の人は教えてくれなかったんだけども、その○○さんは、ここは『け』って書くんだよ、っていってくれたの」と語ったと。

お姉ちゃんは、そこまで細部にわたって障碍のことを認識していて、それにどうやって対処していくかということも、彼女なりにちゃんと考えているということに驚いた、と語っていました。

さきの良くんの場合には、テレビでダウン症の番組をみたことがきっかけでした。「ぼくどうしてダウン症なの?」と六年生になったある日、親ごさんに尋ねました。「どうしてダウン症で産んだの? ぼくは普通に産んでほしかったよ」と続けたそうです。私は以前、親ごさんに、良くんはしっかりと発達しているから、そのうち自分の障碍のことを聞いてくる日がくると思うので心の準備をしておくといい、と伝えてありました。一応覚悟はしていたとはいえ、それが現実になったことで、親ごさんはあわてて私のところに相談にみえました。

おそらく、彼はテレビをみたからそう思ったのではないでしょう。周囲の自分をみるまなざし、自分の鏡に映る独特の顔つき、学力や体力の面で、ほかの子どもと少し違ってできないことが多い点など、これまでにたくさんの疑問があったはずです。それらの疑問がテレビをみたことをきっかけに、いっきにダウン症という言葉に凝縮され、問うことになったのだと思われました。

では、彼らはいつ頃から、自分の障碍に気づくようになるのでしょうか。正確なところは、私にもわかりません。個人差もあるでしょう。ただこれまでお話してきたように、日々の暮らしのなかで「自分は人と何かが違う」と思うことは、幼少期から大なり小なり感じるだろうと思っています。ただそれをあえて言語化するということが、少ないのだろうと思っています。大事なことは、彼らが自分に障碍があるかどうかということに気づくか否かではありません。本人に気づかせないことが親の仕事でもありません。そうではなく、知的な障碍があるということは、人としての尊厳とは何も関係ないということ、劣等感をもつ必要はないこと、知的障碍があってもさまざまな能力をもち、豊かで個性あふれる子どもがあなたなのだということを、親が常に心にとめておくことが大事であり、子どもに問われたら、そのまま言えばよいのです。そのためにも、親は日々、子どもの得意な領域を、しっかりと把握しておくとよいのです。

良くんのお母さんに対して私は、「そうきかれて、どれだけショックを受けたろうと思います。でも彼が当然抱くであろうこの疑問を口にするようになったのは、彼が確実に成長している証です。お父さんとお母さんが一生懸命育ててきたから、こういうことが起こったのです。だから、とてもすごく素敵なことなのです」と、これを親の子育ての成果として伝えました。

具体的には、はじめて障碍を告知された時のご自身の体験をそのまま語られるのがよいと思うとお伝えしました。つまり、彼がうまれた直後、ダウン症だと知らされて両親ともびっくりしたこと。それは本人のせいでも、両親のせいでもないこと。その障碍のせいで、ほかの人より発達がゆっくりで、できないこともあるけれども、それはあなたのせいではないこと。あなたはとても可愛い子だったので、ものすごい愛情をもって彼を一生懸命育ててきたこと。あなたはやさしくあたたかい子で、元気であることが何より親としては嬉しいこと。あなたは自慢の息子で両親は誇りに思っている、そして誰よりも愛しているというような、これまでご自分たちがしてきたこと、思ってきたことを、胸をはって両親がそろってきちんと彼に伝えるといい、とお話ししました。

彼はお父さんとお母さんからしっかりとその言葉を聞き、その後で私のところにも相談にきました。「私は障碍を、どうしてもとることのできない『たんこぶ』のようなものだと考えています。その『たんこぶ』は、あなたがお母さんのお腹のなかに宿ったときから、なぜかあなたと一緒に宿り、くっついて育ってきたの。切り離せないあなたの一部。だからどうやっても、それは取り去ることができないもの。なぜそうなったのか、誰にもわからない。なぜ私にはなくて、あなたにあるのか、○○さんにはなくて、あなたにあるのか、それは誰にも答えることができないの。悔しいだろうと思います。とても納得いかないとも思います。それをただ、受けいれなさい、とは言う気にもならない……。それも含めて良くんなんだと思っています」と。

この言葉のどの部分が彼に響いたかがわかりません。でもそれ以降、彼は自分の障碍のことは、口にしなくなりました。現在彼は二五歳。一般企業の障碍者雇用枠で仕事をしています。

・雰囲気で支える

これまで障碍受容に関しては、親が子どもの障碍をどのように受けとめていくか、という親の障碍受容の領域で研究がなされてきました。というのも、本人に知的障碍がある場合には、そのことそのものを本人がことばで訴える機会が少ないことと、それを聞く他者がいないという二つの要因が絡み合い、なかなかとりあげられてこなかったからです。

しかし自分に知的障碍があり、ほかの人は難なくできることが自分はうまくできないということは、自分のなかでは「なぞ」でしょう。たとえば、ダウン症は染色体が一本多いことが原因だとわかっているので、まだ原因不明のものよりもいい、といわれます。確かにダウン症は染色体異常症ですが、でもなぜ、うちの子どもが突発的に染色体の問題をもつようになったのかということの理由は誰にもわかりません。その意味では、やはり同じように「なぞ」なのです。

私はこれまで、複数の知的障碍の人から、どうして自分に障碍があるのかを尋ねられたことがあります。私は聞かれた時に、できるだけわかりやすく、かつ、誠実に答えようと思っていますが、きちんと答えようとすると、表現がむずかしくなりがちです。彼らが私の言葉のどの部分を、どのように受けとっているのかは、正直なところわかりません。ただ思うのは、彼らの真剣な問いに対して、私もまた誠心誠意、真剣に答えようとする姿勢は、間違いなく伝わっていると思っています。ですから、言葉の意味内容を正確に理解されているということとは違うようにも思います。逆の言い方をするならば、本当のところ、なぜ自分に知的障碍がくっついてきたのかということはわからないのですから、その知的理解など、できるものではないのです。ですから、もしこのような問いかけをされたら、本気で誠実に答えることが大事だと思います。全身の雰囲気で支えるのです。

くり返しになりますが、知的能力は人のもっている能力の一部分の領域でしかありません。情緒的な豊かさ、ナイーブさや鋭い感受性、暖かさややさしさ、切替えのよさや悪さ、あきらめのよさやあきらめの悪さ、好奇心の旺盛さや気の弱さなど、人はさまざまな能力や特性、個性をもっています。知的障碍のある子どもを育てたり、関わっていく過程で、私たちはあらためて、そういう多様さを彼らもまたもっているのだという、あたり前のことに気づかされてゆきます。彼らと関わっていくと、私たち自身が人をみる判断の基準が豊かになります。

障碍受容という用語は、援助者たち、外からの捉え方であり、本人たちの気持ちを考えたときには、あまり適切な表現ではないように思います。受容という言葉は、受けいれてとりこむとか享受する（『広辞苑』）という意味ですが、彼らは受けいれてとりこむしかありません。選択の余地がないのです。本当は誰も押しつけるものでも、誰からも押しつけられものでもないはずなのです。

・「私は目がみえるもん」

よりちゃんがお母さんと相談にきたのは、小学二年生の秋でした。彼女はうまれた時から目がみえませんでした。そのために、親ごさんは早くから療育訓練に通い、就学前から盲学校付設の幼稚部に在籍させました。ことばがでたのは三歳を過ぎてからで、彼女の発達は全体にゆっくりでした。人との関係に関しては幼稚部でも先生にしがみつくか一人遊びを好み、子どもたちが近寄ると怖がっていました。

盲学校の小学校に進学してからは、勉強はあまりせずに遊んでいましたが、担任の先生は学習の準備段階であると位置づけて、受けいれてくれました。二年生になって少し勉強がはいってくると、思うようにならないと物にあたったり、壁に自分の頭をがんがん打ちつけるヘッド・バンギング（head banging）が出てきました。周囲がとめないと、いつまでも打ちつけているのです。そこでこれは大変だと、親ごさんが相談にみえました。

親ごさんは、最近彼女が「私は目が見えるの」と言い張るようになったこと、それに対してお母さんが「いいえ、あなたは目が見えないの」と強くいう機会がふえていて困っていると語られました。症状の背後に、盲という障碍をめぐる心理的葛藤があることが推測されました。またこのときお母さんからは、彼女が学校で学習をしないのは、できないからなのか、なまけて拒否しているだけなのかがわからなかったので、病院で知能検査をとって正確に把握しようとしたけれども、本人がまるで答えなかったので測定できなかったと語られました。知能検査をとらなくても、いわゆる知的な遅れがあることは、発達の様相からは明らかで、だから彼女はよけい、やりたくなかったのでしょう。

話を聞きながら、私は彼女が「ほかの人はみなちゃんと見えるのに、どうして私だけ目が見えないの？　そんなの嫌だよ！」とせつなく、怒りをこめて訴えている悲痛な叫びが聞こえてきました。彼女は目がみえないということを、世界中から押しつけられているようで、それに対して全身で反発しようとしているように聞こえてきました。一方、彼女にそういわれると、お母さんは「自分があなたをちゃんと生んであげられなかった」という自責のこころが痛み、だからこそなお、早くその事実を受けいれて、ちゃんと生きて欲しいと願う気持ちが強くなるのだろうということもまた、切々と伝わってきました。

このような場合、互いの熱い思いがせめぎあうので、お母さんにもよりちゃんにもこころに余裕がなくなります。そこで互いのこころに余裕を回復させるために、よりちゃんにはプレイセラピーを、お母さんには相談面接を導入しました。

彼女ははじめてプレイルームにはいったとき、片手に杖をもち、片手は私の手をとって、一緒にプレイルームを一周し、杖で確かめながらこれはお人形、ここは電車、これはリカちゃんハウスセット……など、全部確認してゆきました。彼女は最初のうち、赤ちゃんから小さい子、そして比較的大きい子など、いろんなお人形を自分の前にもってこさせ、それぞれのお人形に「一歳の子、何ていってる?」に私「ブブブ、ウー」。「二歳の子は?」に「マンマ」……など、私にしゃべらせる遊びをくり返しました。一歳の子が「おかしたべたい」、八歳の子が「ブブブ」など、私が時に話す内容をわざと言い間違うと、「ちがうでしょ!」と笑いながら彼女が訂正するという場面もありました。

それ以降もこの遊びはくり返され、「〇歳の子が学校にいったらどうなる?」「八歳の子はおしめしてる?」などと問われました。「八歳のおしめ、はずかしい?」と聞かれた時には、「ううん、この子はまだおしめがとれないけど、おとなまでずっとおしめする人はいない。今は調子が悪いからおしめがいるの。元気になったら、いらなくなるの」と伝えました。私はこの遊びのなかで、彼女が、通常の年齢の子どもはどんな風な発達をしているのか、ということを確認していると考えました。そこでていねいに、年齢相応のことを伝えて、あわせて必要であれば八歳でもおしめをしたり、四歳でもまだ単語しか話せない場合もあるということも話してゆきました。

セラピーをはじめて三か月ほどたつと、今度は彼女がお医者さんになって、病気の子どもを治療する遊びが加わりました。ただ、必ず治るわけではなく、苦い薬をたくさんのんで、痛い注射をして……など、なかなか治らない、苛酷な治療が続きます。そして「この子、何ていってる?」とやはり私に子どものこころを語らせます。私にはそれは、彼女が治ることのない障碍を抱えて生きていく困難さを重ねあわせていると思い、「くるしいよ」「注射痛いけど、がんばるよ」「お薬、ありがとうね」などと言っていました。この頃には物にあたったり、頭を打ちつける症状は、へっていました。

セラピーをはじめて一年ほどたったある日、彼女は「しんぼう」ということばを発しました。そこで私は「そうね、よりちゃんには、たくさんの辛抱がいりますね。大変だと思います」と返しました。この日の親ごさんの面接で、最近彼女が自分からはじめて、「私は目がみえないの」とお母さんにしんみり語り、以前は拒否していた点字を学ぼうとするようになってきたという話がでました。

彼女はセラピーのなかで、自分が望んだのではなく、勝手に運命に押しつけられた全盲という障碍を、どのように自分なりにとらえてゆくかという模索をしていたのだと思います。そして自分で「しんぼう」ということばをつかむことで、嫌々だけれども、その事実を仕方なく受けとめはじめたように感じました。子どもが自分の障碍を受けとめようとしないとき、親ごさんはしばしば、あまりにもせつないために、かえって押しつけてしまいがちです。しかしそうされればされるほど、子どもは反発を強め、かえって逆効果になるのです。それは親が周囲から子どもの障碍を受容しろと押しつけられると反発する気持ちが起こることと同じです。結局は、その事実を受けとめて生きてゆくしかない、ということは子ども自身、誰よりもよくわかっていることなのです。受けいれるためには、時に思いきり、拒否することも必要です。彼女が最初に蹴飛ばしたのは、障碍そのものではなく、障碍を押しつけようとする周囲の圧力、そして自分に課せられた運命、だったのだろうと思います。

4

思春期の到来

○思春期以降のアウトライン

・ゆっくりと訪れる思春期

思春期から青年期は、子どもからおとなになってゆく橋渡しの時期にあたります。何よりも性的発達に代表される身体的な成熟は、おとなが想像する以上に子どもにとっては異質で不思議な体験でしょう。自分のからだの形が変わってゆき、声がわりも起こってくる。女の子は生理がはじまり、男の子は夢精におどろき、内側からは性的な衝動性からくる奇妙な感覚がつきあげてくる。何が何だかわからない。これまでの自分とは何かが違う、でもそれが何だかはよくわからない……思春期の到来です。身体的な成熟が心理的成長をひっぱりあげ、おとなへと成長してゆく過渡期です。だからこそ、心身のバランスが崩れ、情動のコントロールが困難になることが多いのです。

知的障碍のある子どもたちにも、思春期は訪れます。生理などの身体的な面は、健常な子どもたちとほぼ同じ時期にはじまりますが、彼らの心理的な面に関する思春期は、もっとゆっくりと訪れます。個人差がありますが、中学や高校あたりの時期からはじまることが多いように思います。

この時期から、親ごさんたちの役割も変わってきます。女の子の場合には、はじめての生理では出血という事態に慌《あわ》てます。具体的な手あての仕方や、ナプキンのかたづけ方などはお母さんが教えます。男の子のマスターベーションや夢精について、またどこでするならよいかというようなことを教えるのは、お父さんの役割です。これらのことはデリケートなことであるために、親も子も双方ともてれ臭いものでしょう。それまでお母さんだけに子育てを押しつけてきたお父さんも、この時期からは出番です。ひとり親の場合には、両方の役割をこなさなければなりません。可能であれば、近所の知りあいや学校の先生に助けを求めるとよいでしょう。

・恋、結婚、仕事

知的障碍のある子どもたちもたくさん恋をします。タレントや歌手にあこがれ、クラスメートや先輩に恋をするのは、健常な子どもたちと同じです。デートもあります。妊娠に関しては、女の子の親ごさんは、好きな人とということではなく、わからずして妊娠してしまうことを怖れますし、男の子の親ごさんは、よくわからないまま衝動的に行為して、誰かを妊娠させてしまうのではないかと心配だということを聞きます。

結婚に関しては、障碍があっても知的な障碍のない人と、健常な人との結婚・出産や、ごく軽度の知的障碍のある人と健常な人との結婚・出産があることは知っています。しかし、知的障碍のある者同士の結婚は、外国では聞きますが、わが国ではまだまだ社会の壁が厚いように思います。ですから、親戚や知り合いの人がウエディングドレスや白無垢《しろむく》の着物に身を包む結婚式は、本人たちにとっては祝う気持ちはたくさんありつつ、同時に自分には関係ないことかもしれないという思いも起こる、心理的に複雑な体験です。きょうだいの結婚式に出席したことを機に一時的に精神的不調に陥ることは、かならずではありませんが、しばしばあります。しかしこのように不調の理由がはっきりしている場合には、時間をかければ回復してゆくことが多いのです。

障碍のある者同士の結婚ということを考えていくためには、まず何よりも人々の意識改革が必要ですし、社会のシステムの整備も欠かせません。年金などの経済支援だけでなく、人的支援も必要です。もっとわが国の社会のふところが深く豊かになってゆけば、彼らの人生の選択肢も、もっとふえてゆくように思います。

とはいえ、もし結婚できなかったとしても、それだけで彼らが不幸だということにはなりません。彼らはそれぞれに、基本的には授産所や作業所、障碍者雇用枠での一般企業での就職などで日々の仕事をもっています。おけいこ事や学ぶことのできるような場所は、健常な人よりはずっと限られているものの、それでも余暇を楽しみつつ自宅や施設、グループホームなどでそれぞれの自立をしつつ、豊かで充実した人生を送っています。

仕事に関する問題として残念に思うのは、彼らがキャリアを重ねていくことに応じて、それに伴うステップアップのような体制が、ほとんどないということです。知的障碍のある人のなかにも、仕事をきちんとこなしていくうちに、いつかチーフになりたいという夢をもつ人々がいます。しかし健常な人の場合にはあたり前の昇進や昇格は、彼らの場合、私の知る限りありません。もちろん、重い責任を押しつけるのは無理ですが、それまでの経験をいかしてできることを、きちんとしてもらい、そこに敬意を表するということが、あまりにもなされていないように思います。また一年、五年、一〇年とその作業所での勤続がふえるに従い、自分に何か名称が与えられると、仕事への意欲が増し、生活に一層のはりがでてくるのではないかと思います。五年たったら○○、一〇年たったら△△、というような呼び名が変わると楽しいのではないでしょうか。

もうひとつ、知的障碍のある人の仕事の選択に関して思うことがあります。特に障碍が軽度であると、親ごさんが作業所のような軽作業よりも、やや高度な一般企業の障碍者枠での就職を希望される場合があります。単純な作業よりは複雑で高度な仕事をさせたいという願いです。もちろん、それがあっている人の場合にはよいのですが、負担から体調を崩す人もかなりいます。知的な能力に関わらず、単純作業があう人もいれば、そうでない人もいるというように、人によってさまざまです。親の気持ちだけで○○させたい、というのではなく、その子どもが無理なく、長期的にできる仕事を選びたいものです。

・余裕がなくなると不調になる

知的障碍のある人の心理的な問題は、神経症的な症状として顕在化する場合もありますし、一時的に精神病的な状態にまで陥る場合もあります。もっと素朴に、からだが動かなくなるというような身体不調としてあらわれることも多々あります。これはどういうことなのでしょうか。

何か気がかりなことがあったり、嫌なことがあって精神的に負担がかかってくると、そのことに人のエネルギーは大量にとられます。嫌なことを嫌と言えたり、拒否できる人の場合はよいのですが、それがなかなか言えなかったり、あるいは自分でも気づかないうちに負担が累積《るいせき》している場合には、しんどさは大きくなります。

私たちは精神的に負担がかかると、身体的にも疲れるので休んだり、気晴らしをしてストレスを発散させて回復させます。あるいはその問題を内省することによって解決することもします。しかし知的障碍のある人たちは、このように自分で小器用にこまめに回復させることが、なかなかむずかしく、そのために負担がつもりやすいのです。気がかりや心配、負担などにエネルギーがとられるので、全体として余裕がなくなり、それが身体不調や精神症状に発展してゆくのだと思います。

身体不調を呈した時にはかならず内科など、必要な医学的対処をうけ、検査の結果内科的問題ではないと判断された時に、はじめて心理的問題、いわゆるストレスではないかと捉える手順が必要です。最初からストレスだと捉えるのは、重大な病気を見逃す危険があるので禁忌《きんき》です。とにかく何か心配が起こったら、まず医療機関や相談機関を受診することをお勧めします。

病院を受診すると、薬をのむことを勧められることがしばしばあります。それに対して「薬はのませたくない」と主張される親ごさんがかなりいらっしゃいます。単純にいってしまえば、どのような薬であれ、のみたくないしのませたくない、というお気持ちは素朴にわかります。ましてや神経科領域の薬など、いわずもがなです。ただ、もしも精神病的な症状があらわれたり、興奮が落ちずに自然に眠りにはいることができなくなったり、昼間動くことも面倒になるというような場合は、自分ではどうにもできないような力に圧倒されて、通常の状態を逸脱してしまっているような状態です。子どもにとって怖い、恐ろしい体験でしょう。そのままでは本人が一層へばってしまいますので、ただ経過をみているだけでは、事態は悪化してゆくことが多いのです。親ごさんがいくら「薬は嫌い」でもよいのですが、本人のバテ具合をしっかりと見極めて、いざという時には「いやいやでものませてみよう」という選択肢もあると、子どもは相当助かるように思います。問題が早期に解決せずに長期化すると、こじれて一体問題が何なのかすら、わかりにくくなってしまいます。そうなると回復には一層、時間がかかってしまうのです。

私の勤務しているクリニックには、ご自分が比較的話される人もみえますが、日常でも話しことばが少ないか、ほとんどない人も親ごさんに連れられて相談にみえます。後者の場合、私は本人から話を聞くことはできないので、おいでになったご本人の状態を、観ることによって判断し、親ごさんからの情報を総合して見立てをたてます。そして、どうしてこういう状態になっているのかを推測し、その推測にもとづいて、家での親ごさんの対処について助言します。その助言にそって家で対処していただいた後、その子どもがどうなったかを次回、教えていただきます。事態が好転してきているならば、その推測でよさそうだと判断し、その方針を継続します。一方、変化がないか悪化しているようであれば、その推測は間違っていたということになるので、あらためて推測をたてて方針を変更します。このようにして、よくなってゆく方向に援助の軌道をあわせてゆきます。やみくもにはしませんが、必要だと判断すれば医師の受診を勧めます。

では、どうやってよくなったと判断するのだろうか？　という疑問を、みなさまは抱かれると思います。それは案外簡単です。ほとんどの親ごさんが、「子どもに笑顔が戻ってきました」とうれしそうに語られるので、わかるのです。不調の時にはたいてい、身体は緊張し、顔からは生気が失われ、表情もほとんどないような状態になっています。さらに行動ものろかったり、変にそわそわしたり、と通常の状態とは異なります。

それに対して笑顔が戻ってきたということは、身体全体が緩んできたということです。つまり余裕が回復してくるのです。だから、よくなってきた時に、動きがらくになり、笑顔が戻ってくるのでしょう。このように笑顔は最大のサインです。不調前のその子どものようになってきたら、これもよくなったサインです。

・親の対処：過剰な保護からふつうの保護へ

思春期に入った子どもの親ごさんたちには、ひとつの大きな課題があります。それは子どもの成長にあわせて、子どもへの親の保護の形を変えてゆかなければならないということです。子どもに知的障碍がある場合には、たとえば学校で先生に配慮して欲しいことを伝えるとか、いじめがあった時に抗議をするなどということを、本人に任せることはむずかしいので、親が代わって対処することが多くなります。それはつまり、健常な子どもの場合よりも、その子どもへの保護の手を強くするということで、私はそれを「必要な過保護」と呼んでいます。

過剰な保護をするのは、その子どもがしっかりと自分を守ることができないとき、その子にかわって行う保護です。そして親の保護下で、子どもは自分を守る力を育ててゆきます。そうしてゆくと、子ども自身に自分でやりたい気持ちが育ってきます。その結果、子どもは親に対して秘密を持ったり、自分で試してみたりするようになるのです。

子どもの内的な力が増すに従い、親は徐々に、手をひいて子どもに任せてゆくことを考えてゆかなければなりません。子どもを「親が守る」から、子ども自身が「自分で守る」という転換をさせてゆくのです。しかし、うまれた時からずっと長期的に、ほとんど習慣化して子どもの代わりをしてきた親ごさんたちにとって、徐々に手をひき、ふつうの保護に変えてゆくということは、とてもむずかしい課題です。

というのも、大変ではあっても子どもとずっと二人三脚で歩んできた親ごさんにとって、自分自身の子離れは、嬉しくもあり淋しくもある体験です。ここからは親もまた、子どもとの関係だけではない、自分自身の時間をもつことも考えていけるとよいのです。親ごさんのためにも、子ども自身が混乱しないためにも、この「過保護からふつうの保護へ」の移行は、ある日一気に手をひいてしまうのではなく、徐々に行ってゆくことが不可欠です。

○「全面的な守られ」からの巣立ち

・親の守りのなかで安心して育つ

私が享子さんにはじめて出会ったのは、小学四年生の時でした。彼女はひとりで遊ぶことが好きで対人関係は苦手、こだわりがあり、ちょっとわからないことがあると混乱してパニックを起こしてしまうなど、軽度の自閉的傾向がありました。また、若干の知的障碍もありました。彼女は地元の通常学級に通っていたのですが、四年になっていじめのターゲットになりました。このいじめに関して親ごさんは学校に抗議し、彼女を学校には通わさないようにしていたのだけれども、こういう方針でよいものかどうか聞きたい、というのが相談の内容でした。

彼女の様子をみていると、自閉的な傾向をもちつつも、のびのび育っているようです。この日もお父さんお母さんも、お兄ちゃんにおばあちゃんと、家族総出で見えたことからも、とにかくこの子を守りたいし、守らなくてはという強い団結力が家族のなかにあることがわかりました。私はそのとき、彼女がそのいじめのショックで怯えており、こころの整理がまったくついていないことと、彼女がまだ学校には行きたくないと言っていたので、学校には行かないほうがいいと思うと、親ごさんの判断に賛成しました。

私が彼女にふたたび出会ったのは、それから四年後の中学二年の時でした。その時も親ごさんから、親としてどうしたらよいか対応を相談したいという連絡が入りました。この時の内容は次のようなものでした。

彼女はあの事件以降、小学校を不登校したのち、中学からはフリースペースに通うようになりました。そこで一人だけ、時々一緒にいて話をしたり遊んだりする友だちができました。親ごさんは彼女にそういう友だちができたことを喜び、彼女がひとりぼっちになって困らないようにと、いつの頃からか、彼女がフリースペースに出かける時には、親が電話をしてその友だちも行くことを確認するということがパターンになりました。しかし今度、その友だちが家の事情で隣の県に転校することになったのです。その友だちがいなくなってしまうという不安から、彼女はおろおろし、毎日家で泣いてはパニックを起こすようになりました。それで親としては、その友だちがあらたにいくであろうフリースペースなりフリースクールに、わが家も転居し、彼女を転校させるというのはどうだろうかというのが相談でした。

・「こわごわ」でいいからやってみる

この日はお父さんとお母さん、そして本人の三人で来所しました。まず親ごさんからの話を聞き、「享子さんはこれに関してどう思っているのでしょうか」と、親ごさんに尋ねました。そうしたところ「まだ、あの子の意見は聞いていません」と。その理由は、お母さんには積極的に転校させたい気持ちが強いこと、一方、お父さんはそこまでするのも、かえっておかしなことではないかと思っている、おじいちゃんはどっちも一理あるし……と、親たちの意見がバラバラで、混乱していたために本人にはまだ何も言えていないということでした。

親が本人に代わって考える部分も必要ですが、肝心なのは本人の意向です。そこで私は、享子さんと二人で話をさせてもらうことをお願いしました。彼女との話しあいは数回行いました。というのは最初のうちは、久しぶりに会ったことで緊張し、うまく自分の考えをことばにするのがむずかしかったからです。

最初は「あの子（友だち）がいないと、不安で不安で泣いちゃうの」、とべそをかいて訴えていた彼女ですが、何度か話をしていくうちに、場にも私にも少し慣れてきて、徐々に落ち着いてきました。そして「あの子がいないのはとても不安。でも、あの子とだけしか遊べないというのも、ちょっとよくない気がする。フリースペースでも、自分から人を誘うのは怖くてできない。でもこの前、○○くんたちがゲームをしよう、って誘ってくれた。で一緒にゲームをしていたら、何となく夕方までいられた。自分でもびっくりだった……」

私はこのとき「ちょっとうれしかった？」と尋ねると、「うん」と笑顔が返ってきました。「嫌になったら我慢しないで、すぐに家に帰っちゃおう、て思ったらちょっとは安心して行けそう？」「……だから、私、頑張って今のところでやってみようかなー……でも不安だけど」と。と尋ねると、「うん」と。

もちろん、このように流れるように話しがまとまったわけではありません。肝心なところは彼女が語っていますが、部分部分では、私がかなりことばを補いました。このような私と彼女の共同作業で、彼女の意向が確認できることばになりました。そこでこの意向を、彼女の了解をえて、ご両親にお伝えしました。そうしたところ、即座にお母さんは、「だとしたら、その

○○くん（彼女の現在のフリースペースで、彼女を誘ってくれた子ども）の家に電話をして、うちの子がいく日にフリースペースに行くかどうか、確認するようにしたほうがよいでしょうか」と尋ねてきました。お父さんは横で黙っています。

私は、お母さんの気持ちはよくわかるので、しばらく黙ったまま話をうかがい、お母さんの心配な気持ちを受けとめてから、次のように切り出しました。「私はこれまで、お母さんたちがどれだけ、彼女が傷つかないようにと守ってこられたか、わかっているつもりです。彼女がここまで成長したのは、彼女の頑張りもあるけれども、それだけではなく、ご両親の保護のたまものだとも思っています。でも、だからこそ、ここからは、これまでとは違って、彼女への援助の手を少しづつひきあげていく時期に入ってきているのではないでしょうか。

もし○○くんの家に電話をいれるようになったら、それはこれまでと同じこと。それがまたパターン化してしまうでしょう。彼女は不安ながらも、ちょっと自分の足で歩いてみようかと思うようになってきているように思います。それは成長の証です。もちろんパニックにもなるでしょうが、それもまた必要なこと。お母さんも心配しつつでよいですから、彼女に任せてみれると、よいのではないかと思います……」とお伝えしました。お父さんは横で、「そうだね、そうしてみようよ」とお母さんに語っていました。

ずっと親が子どもの安全と安心を保護し、保障し続けることはできません。子どもは親が守ってもらうという受け身の立場から、自分を自分で守れるようになっていかなければ、親は安心して旅立てはしないでしょう。また子ども本人もまた、成長に伴い、怖くても自分でもそうしてみたくなるのです。ただ、それは享子さんのように、中学生の頃に訪れるとは限りません。それぞれの成長の歩みによって起こることなので、もっと遅く訪れる場合もいくらでもあります。

・親の意見の相違の意味

享子さんの場合には、お父さんとお母さんが、以前は意見が一致していましたが、今回の場合には違う意見になっていました。子どもが不登校や出社拒否のようになったときに、片方は様子をみたほうがいいと考え、もう一方は無理してでも頑張らせる方がよいのではと考えるなど、親の意見がわかれることは、よくあることです。これは意見が違うというよりも、親としての考えが複数あり、それぞれに一理あるものを、お父さんとお母さんが、別々に語っていると考えるとよいのです。あるいは片方が極端になってきた場合に、補償としてもう一方が反対の意見を担って、バランスをとるという場合もありますが。これはいわば、安全弁の機能です。今回の享子さんの家の場合は、お母さんの若干極端な保護機能に対して、お父さんが補償的に「もう少し、緩めてみたら」と考えていたというような案配《あんばい》だったと思います。

ですから、親ごさんの意見が違うという場合に、どちらが正しいかという判断をするのではなく、双方の心配や考えを聞きながら、第三者が入って調整をしていくと、ある程度納得のいく線がでてくるように思います。揺るぎのない、信念も教条も危険です。いろいろな考え方があるということは、安全なことなのです。

◯自分で自分を守ること

知的障碍のある子どもは、通常あるとされる幼少期の反抗期を体験しないまま、思春期を迎えておとなへと成長してゆく場合がかなりあります。幼少期のことを尋ねても、そんなに「イヤ！」とはっきりと拒否されたことがなかったと述懐される親ごさんが多いのです。そんな子どもたちも、遅まきながらもゆっくり訪れた思春期に反抗期らしきものを迎えます。ちなみにここでいう反抗とは、自分は○○したいとか、△△はしたくない、というように自分の思いを通そうとする自己主張のことです。この自己主張の原点は「いやだ」、としたくないことを拒否できることなのです。

・「動かない」というストライキ

養護学校に在籍している中度障碍のあるレイさんが、お母さんにつれられて相談にきたのは、彼女が高校二年生の冬でした。小学校に入学する時には、はなしことばは少なかったものの、基本的なことは理解しており、自分のことは自分でできたので、地元の通常学級にはいりました。そこを卒業した後は、そのままみんなと一緒に公立中学の通常学級に通いました。彼女は、先生にいわれたことは人の真似をしながら何とかするし、いやと反抗して先生を困らせることは一度もない、とても静かな子だったそうです。だから小学校でも中学校でも、それなりに過ごしてトラブルになるようなことはなかったので、学校から問題視されることはありませんでした。でもおそらくは、彼女自身、勉強に関してだけではなく、生活全般にわたって、よくわからないことだらけだったのでしょう。とにかく「頑張ってそこに居る」ことをしていたのだろうと思います。別の言い方をするならば、それ以外の選択肢は、彼女のなかにはまだ、なかったのではないかと思います。

彼女は、高校は養護学校に入学した当初は、まだ親や先生のいうことを素直に受けいれて動く子どもでした。しかし二年生になってから、彼女に変化が生じました。ひとことでいうと「動かなくなった」のです。具体的には、自宅でパジャマから着替える時、途中でとまってしまって最後まで着替えない。親が「早く」とせかしても動かないで、ひとりごとをずっとしゃべっている。おふろにもはいらない。そしてついに朝、学校に行くのに玄関に座り込んで動かない……というように彼女は、全く動かなくなってしまったのです。そこでお母さんはびっくりして、私のところに相談に見えました。

・疲れがたまったことを契機として

初回は母子で相談にみえました。お母さんの話をうかがう前に、彼女にまず、「ここは病院なのだけれども、そのことはお母さんから聞いていますか」と尋ねてみました。でも彼女は黙ったまま反応しません。そこで「むりやりつれてこられたのですか?」と聞いたところ、彼女はちらっとお母さんの顔をみました。そこで「ああ、やっぱりそうなのね」と言ったところ、お母さんが苦笑しました。「たいてい、みんなそうなのです」と言葉を続け、「たぶん、お母さんはあなたのことで心配なことがあって、相談にみえたのだと思います。だからそこで先生と一緒に、聞いていて違うなと思ったところは、教えてもらえますか」と彼女に依頼したところ、彼女は黙ったままでした。そこで今度は私はお母さんの方をむいて、「彼女にここに居てもらっても、よいですか」とお母さんの意向を確認しました。よいと了解をえられたので、彼女にも「では、そうさせてください」とお願いして、話しをうかがいました。

私は通常、このようにして面接をはじめます。はじめて会うのですから、私はご本人に知的な障碍があるのかどうか、どういう問題で来たのか、ということはわかりません。でもこういうやりとりをしていくなかで、相手の仕種《しぐさ》やことばをつかっての応答の仕方で、大まかに状態の把握をしてゆきます。本人が親ごさんの話を聞きたくなさそうな感じがみえた時には、「外で待っていてくださってもよいです」と伝えます。それで実際に外に出ていく人もいます。私がこの過程で一番大事にしていることは、本人の意向を無視して相談をしないということであり、本人を尊重しようとするということなのです。

この時お母さんは養護学校でさまざまな行事があり、さらに卒業後の就労をにらんでの作業所実習がはじまり、彼女はすでに二か所の作業所に実習に行ったが、今こうなってしまってびっくりしている、という概要を語りました。お母さんに彼女のこのような拒否行動がこれまでにもあったのかを確認したところ、彼女はずっと、母である自分が「○○に行こうよ」といえばついてきたし、「○○はやめようね」といえば、すぐにやめるなど、小さい頃からいちども文句ひとついわずに従ってきた、素直な子どもだったそうで、だからこそ今回の事態に混乱していました。

私はお母さんのお話を聞きながら、時々お母さんのいった行動を彼女自身に確認すると、動かなかったり時々首を横にかしげてくれます。「そう聞かれても、よくわからない？」と尋ねた時には「うん」と消えそうな小さな声を伴って、首を縦にふってくれました。彼女の応答がでてきました。

ふだんの意志の確認は、お母さんもこのように態度と少しのことばでしているとのことでした。彼女は、お母さんの隣でうなだれ、しょぼんと縮こまっていました。顔色も悪く、皮膚のはりもなく、疲れているようにみえました。お母さんからの話を聞き、彼女のうなだれた様子から、私はまず、彼女が身体的に疲れてしまい、抑うつ的な状態に陥っているのではないかと思いました。というのは、通常学級にいた彼女にとって養護学校という新しい場は、時間的にゆっくりで、これまでよりはわかることが多くなったであろうものの、戸惑うことも多かったと思われたからです。そのために環境への適応に、相当量のエネルギーを使っていると考えました。さらに二年になってはじまった、作業所での実習も、これまで体験したことのないもので、身体的な疲労だけでなく精神的な疲労も大きかったと考えられます。ですからこの反応は、疲れからくる抑うつ状態と判断したのです。

この見立ての概要を彼女とお母さんに伝え、彼女には「先生はあなたが、疲れたのではないかと思うけれども」と尋ねたところ、彼女は「はて？（わかんない）」というように首を横にかしげていました。そこでお母さんにはしばらく無理させず、登校刺激を与えずに休息をとるようにお願いし、彼女には「よく休んでくださいね」と伝えました。あわせて身体的なチェックも含め、医者にかかって検査をうけ、必要であれば薬の調整も併用するとよいと思うと両者に伝えました。検査の結果身体的には問題なく、うつ状態に対する投薬治療を併用することになりました。

この時私はまだ、母子にはお話していませんでしたが、この問題の背後に、彼女がそれまで徹底的な「イエスマン」だったことが関係しているのではないかと考えていました。新しい環境に適応するのに疲れるということは、誰にでもあることです。しかしこれまで「イヤ」と、嫌なことを拒否したことがなかった彼女は、もしも自分の容量以上の仕事をさせられたり、自分が好きではないことをさせられても、拒否することそのものがわかりません。そう考えると、この「動かない」行為の背後には、うつ状態というエネルギー不足があるのは確かだけれども、彼女の身体が拒否したということで、これを機会にすこしづつ彼女の拒否能力という自己主張がを育っていこうとしている兆しではないかと考えました。ですからまず第一に疲労をとり、うつ状態から回復させていくこと、第二に、徐々に自分の気持ちを大事にして、必要な時にはそれを主張するために拒否能力を育てていくこと、これがセラピーの目的になるだろうと考えていました。

・拒否できるようになってきた

薬の調整もあったので、彼女は以降、数回はお母さんと一緒に相談に来ました。不調になる以前の彼女は、家で好きなアニメをみたり、音楽を聞いたり、絵本をみたりということを好んでいました。でも今は毎日、自室のふとんのなかでずっとごろごろしています。そこでまず、寝ている毎日を親子がバトルにならずにうまく過ごせるように調整をしてゆきました。

たとえば朝はパジャマから洋服に着替えないので、お母さんは無理やり着替えさせていました。この争いは母子共に疲れるので、とりあえずはパジャマのままでよいことにする。今はふとんのなかに一日中いて、台所に食べものも飲物も自分からは決してとりに来ることがない、ということだったので、そこまで動けないなら部屋に飲物と食べ物を運んであげよう（これは動けるようになったらやめて、食事は台所でする、というようにしていきます）。お風呂ははいりたがらないので、週に一回シャワーにしよう……というように、日常生活が互いに楽になるようにしてゆきました。お父さんは、単身赴任で海外に出向していたために、この家には母と娘の二人しかいませんでした。

お母さんと一緒に来ることに関しては、お母さんは無理にでも外出させたいと思い、ひっぱってつれてきているということでした。そこで私は彼女に、「もちろんレイさんが来たければ、来てもよいけど、疲れているのだから、家で待っていてもよいですよ。お母さんはお母さんの心配の相談で来ているのですから」と伝え、お母さんには「本人を無理につれて来ないほうがいいです、行きたくなさそうだったら一人でおいでください」と伝えました。この話をした数回後から、彼女はピタリとこなくなりました。

お母さんは、娘がかえって悪くなったのではないかと心配しました。家でもふとんからでることはほとんどなく、一日中寝てごろごろしていたからです。私は心配な気持ちはわかるけれども休息は一番必要なことで、前はお母さんにあわせてここにも来ていた彼女が、やっと自分の身体を大事にできるようになったのではないかと思うから、少し様子をみましょうと伝えてゆきました。

それから四か月ほどたった頃、お母さんが彼女のふとんの横にいて、絵本を読んであげようとすると、彼女が手を横に数回ひらひらとふるということが、お母さんから語られました。まるで「いらない、いらない」と拒否する仕草をしているようです。これは、ただ身体を動かさない、という身体的ストライキから一歩前進しています。私はそのことをお母さんに伝え、これからは彼女が拒否することがふえるかもしれないから、それを「イヤだ」というサインだと捉えて、しっかり受けとめて、やめてあげてくださいとお願いしました。もちろん拒否する能力は、彼女を守る大事な武器だから、一緒に育てていきましょうということもお伝えしました。

この課題は、母子双方にとって、なかなかむずかしいものでした。お母さんはついつい、これまでの慣習で親が考えて勝手にきめてやらせようとしてしまいます。一方、彼女の手をひらひらと横に数回ふる仕種は、まだサインとしては未熟なので、もっと誰にでもわかる、しっかりとしたサインに成熟させてゆくことが必要でした。いろいろありましたが、やがてお母さんが動いても、彼女が手を横にふればお母さんはそれを（しぶしぶでも）やめてくれる、というようになってゆきました。

一年半ほどたつと彼女は調子をとり戻し、自宅で以前のように絵本をみたり、好きなビデオをみるようになりました。すでに飲んだり食べたかったりするると、ひとりで台所にくるようにもなっていました。そして今度は自分の意志で、私のところにお母さんと一緒に来るようになりました。彼女が来た時にはお母さんと時間を折半して、彼女と一緒にゲームをしたり、ボールを投げたりとプレイセラピーで関わりました。私との間でも私が「やる?」と聞き、やめる時には「やめる?」と確認し、「ウン」という彼女の返事が来るようになりました。このようにして、彼女は徐々にうつ状態から回復し、調子をとり戻してゆきながら、同時に「ウン」(イエス)と「ウウン」(ノー)の両方を相手に態度とことばで伝えられるようになりました。

特に中度から重度の知的障碍のある人の場合、不調のサインとして「動かない」(正確には「動けなくなる」)という行動があらわれることは多いように思います。しかし、たとえば高校の時に不登校になると、「卒業して後の作業所をきめておかないと、どこもいっぱいで入れませんよ。だからとにかく学校に来させてください」といわれたり、作業所に通っていて出社拒否になると、作業所に迷惑になるからと相手方を配慮して、親は本人に無理を強いがちになる傾向があるように思います。

しかし一番大事なのは子ども本人の人生です。よく障碍をもつ子どもたちは、指示に従っていわれたことをきちんとやる、つまり従命行動がとれることが大事であり、それが彼らの生きるための技術だといわれます。しかしそれはあまりに彼らの人間性を無視した、健常な人々の勝手な論理です。何でもかんでも嫌だというのは、自分勝手というものですが、だからといって何でもかんでもまわりがきめて、それに従うということでは、自分が自分の人生の主役であり主体である、という感覚はもてません。彼らが少しでも主体的に生きることができるためにも、嫌という拒否能力が育っていることは大切なのです。

○自分をとりまく世界の変化に惑う

・「お腹がいたい」ではじまった

道夫くんは二〇歳。小学校は通常学級に在籍し、中学で心障学級をへて養護学校を卒業後、ゆっくりペースで農作業やボールペンなどの部品のくみたてをする作業所に通っていました。知的障碍は軽度と中度の間あたりです。日常の基本的なことはだいたいでき、理解する力はあり、しゃべることも、寡黙《かもく》な方ではありますが、基本的に自分の思いはぼそぼそと語る、性格的には穏やかな子どもです。

どんなことも黙々と行い、これまで学校も作業所も休んだことがなかった彼でしたが、最近お腹がいたいといって、ときどき作業所を休みたがるようになりました。最初のうちお母さんは、本当にお腹が痛いのだろうと思っていましたが、休むと午後からは元気になるので、もしかして出社拒否のような状態になっているのではないか、と心配になりました。そこである朝、お母さんが「頑張って行ってみようよ」と強く起こし、お父さんが車で作業所まで送るということをしてみました。そうしたところ彼は黙って車には乗るものの、作業所についても車から降りようとしません。わめくでも叫ぶでもなく、表情はかたいまま、ただ黙って乗ったままなのです。本格的なストライキです。お父さんはこの、静かなしかし「断固動きません」という姿を見て、これは無理だと感じました。

そこで作業所で何かトラブルでもあったのではないかと、作業所に問い合わせてみたのですが、特に思い当たることはないとの返事です。本人に聞いても何もいわないので、どうしたものかと私のところにお母さんが相談に見えました。お母さんはこの時、今までずっと順調に来たのに、二〇歳をすぎてこんなことになるなんて、今までの自分の育て方が間違っていたのではないか、もしも一生このままずっと、社会からひきこもることになってしまったら、と不安でいっぱいになっていました。

彼のこれまでの育ちを伺うと、小さなことはいろいろあっても、確かにそれなりに順調に育ってきたようです。そこでこんな異変が起こったということは、やはり彼のなかで何かが起こったのだろう、と考えるほうが自然でしょう。作業所で何もないとしたら、家庭で変わったことがなかったかどうか、お母さんに尋ねました。

・日々のなかにもある「衝撃」

「いえ、特に問題があったという記憶はないのですか……」と。そこで質問をかえて、最近お家のなかでどんなことがあったのかをうかがいました。そうしたところお母さんはこの春、彼の大の仲良しの二歳年の離れている妹が大学生になり、サークル活動がはじまったり、バイトもするようになって帰りが夜中になるなど、忙しく過ごしていると娘の様子を語りました。お父さんはこの数年は、八時頃には会社から戻れたので、ウイークデイでも少しは彼と関われたけれども、今年からは帰りが深夜になる忙しい部署に変わったことで、週末にしか、彼と顔をあわせることができなくなったこと、娘が高校生の時までは彼と自分と娘の三人で夕食をたべていたのが、最近では彼と自分との二人の食事になったこと、ふだんは帰りが遅い娘も、休みの日などで家族四人で食卓を囲むことがあるが、そんな時には娘は日々の活気に満ちたキャンパスライフを、興奮気味に語っている……というような様子が語られました。

こういう日々の様子を思いだしながらお母さんは「そういえば……」と、次のエピソードを思い出されました。二週間ほど前に、アメリカに留学していたいとこが一時帰国して、みんなで食事をした時に、そのいとこがむこうでの楽しい生活ぶりを意気揚々《いきようよう》と話していました。彼もその食卓に一緒にいて、いつもと変わらず、黙ってじーっと静かに聞いていたそうです。これらの話を思い出しながらお母さんはしみじみ、「ああ、もしかしたら、みんな忙しくなって淋しくなって、あの子はそんな彼らのことが、うらやましかったのかもしれませんね……」と語られました。

彼は幼い頃から妹思いのやさしい青年で、妹もお兄さんを慕っており、二人はとても仲良しです。それまでは妹の語る話は、お兄さんにとってもわかる世界だったのだろうと思います。でも最近の彼にとっては、自分の知らないことばかり。どんどん彼女が自分から離れ、手のとどかないところにいってしまったような淋しさを、もしかしたら感じたのかもしれません。機を同じくして、尋ねてきたいとこの女性からの話も、彼にはまったく見知らぬ世界のことでした。

もちろん、彼にも充実した生活があります。作業所でも慰労会やバザーがあり、秋には旅行が待っています。花火を見にいったり、好きな歌手のコンサートにもでかけます。新年会や青年の会での会合も旅行もあります。また、作業所の帰りには街の本屋さんで雑誌を立ち読みすることも、彼の日々の楽しみのひとつです。でも時として、このような毎日に疲れを感じ、何となくの味気なさやものたりなさを感じる時があったとしても、ふしぎではないでしょう。私は彼の突然の出社拒否は「ちょっとくたびれた、ちょっと休憩」というサインのように思いました。

そこで大きな症状はでていないので、とりあえず自宅でしばらく、作業所に行かせようとしないで休息をとらせてあげるのがよいのではないかとお母さんに伝えました。そうしたところ、お母さんは作業所がよくしてくれるところなので、申し訳ないということと、このまま休ませたら、もう家で仕事をしなくてずっと家にいようと思いこんでしまったら、どうしようという不安があると語られました。

私は作業所に対しては、よいところであるなら、きちんとこの状況を伝えて理解をえるようにしたら、わかってもらえるのではないか、必要なら私が文章で状況を説明してもよいですからと伝えました。そして第二の疑問に関しては、彼は基本的に律儀《りちぎ》でまじめな性格のように思うので（に、お母さんは「ハイそうです」とうなずきました）、結局仕事はしようと思っていると思うので、あわてずにまずここはちゃんと休ませてあげたほうが、しっかりと仕事に戻るように私は思うので、しばらく休ませて様子を見ていただきたいというようにお願いしました。そして彼は特にセラピーに通うということを望んでいないようだったので、相談にこないでよいから、しばらくたったらお母さんに経過を教えていただくというようにしました。

そうしたところ、彼は思いきり自宅でのんびりくつろぎ、四か月ほどたったある日とつぜん、「ぼく行く」といって、仕事に復帰してゆきました。それからの彼はふたたび、黙々と仕事に通っています。

・うれしいけれどもちょっと淋しい

彼の場合、さきのレイさんとは違って、二〇歳になるまでずっと「イエスマン」だったわけではありません。基本的にひきうける方でしたが、嫌なことは嫌だといったり、しないという、拒否する力は育っていました。ですからここではじめて、拒否が身体化したわけではありません。

彼のお腹がいたい、というメッセージから作業所を休むという行為の背後にあったのは、彼をとりまく世界が、どんどん彼にとって、よくわからない見知らぬものへと変化していくことへの惑いや淋しさであり、それを受けとめられないという反応だったように私は思います。ここでいう「受けとめられなさ」というのは、受けとめたくないという意味ではなく、それを受けとめていくまでに時間がかかる（必要）、という意味です。この場合も精神的に混乱が起こるので、その混乱に自分のエネルギーが使われてしまうから、ふだんできていることができなくなります。この混乱が時間をかけることによって収束《しゅうそく》してゆけば、エネルギーは戻るので、元の生活を送ることができるようになるのです。

道夫くんの場合には、きょうだいやいとこたちの華やかな日常の話にふれたことがきっかけになりましたが、それだけでなく特に女性の場合には、自分も年頃の時にきょうだいや親戚の結婚式にでる、ということが調子を崩す契機になることがしばしばあります。それは、羨ましいとか妬《ねた》ましい、というようなことだけではありません。もっと複雑です。祝う気持ちはたくさんあり、自分もいつか晴の舞台にたちたいとその姿を想像してはうっとりし、その一方に自分はこんな素敵なウエディングドレスや着物は身につけることは、おそらくは一生無理なのではないかというつらい思いやせつなさ、そうだとしたらどうして私ばかりが損するの、というような淋しさが、怒りや不満をふくんであふれてきて……というような、多彩な感情でこころが混乱し、不調になるのではないかと思います。このような不調もまた、時宜《じぎ》に応じてのセラピーや薬などの対応がよいのですが、もっとも重要な要素である「時間」という治癒の神様を味方につけることによって、解決してゆくように思います。

道夫くんの場合の問題行動は、泣き叫ぶとか物を壊す、あるいは自分自身を傷つけるというような行動から比べると、お腹がいたいといって寝てしまうというような静かな訴えです。しかしこの静かな訴えを不調のメッセージとして受けとめて早いうちに対処してゆくことが、悪化させないコツだといえるでしょう。

・生活にはりを与える小さな変化

多くの場合、作業所に行くことから彼らの社会人生活がはじまります。私たちは仕事をしても、アフターファイブや休日にはジムに通ったり、カルチャーセンターで勉強したりおけいこ事を通うなど、いろいろなことをしたければできる環境をもっています。しかし知的障碍のある人々の生活は、私たちよりも圧倒的に選択肢が少ないので、自分や親ごさんたちが工夫しないと、単調で変化のない日々が続きます。大きく変化することはなくても、小さな変化は生活を潤《うるお》します。たとえば休みの日には、ふだんは着ないカラーシャツや小粋《こいき》なズボンを着てみたり、汚れがめだつのでふだんは避けている真っ白いセーターやトレーナーを着てみたり、髪の毛をちょっと茶色にそめてみるとか、女性ならマニュキアやペディキュアで、小さなおしゃれを楽しんでみるというようなことは、生活にはりを与えるのではないかと思います。

子どもに知的障碍があると、一度楽な思いをすると、ずっとそれが続いてしまうのではないか、それでいいと思い込んでなまけてしまうのではないかと心配する親ごさんが多いのですが、そんなことはありません。私たちはみな大なり小なり、できれば好きなことだけして生きていきたいと思ってはいるものの、とはいえ、しなくてはいけないことがあることも知っています。適当に休んだり遊んだら、やはり自分がしなければならないことは、彼らもわかっているのです。また、したくないこともするという日々があるから、したいことが待ち遠しいし、だからうんと楽しくなるということも、彼らはわかっています。さらには、あまり気がすすまないことでもちゃんとできるということに、人は自分で自分を「いいぞ！」と思うのです。これらのことは、知的障碍のある人たちも同じです。

○自己主張の発達

レイさんのように、思春期まで、拒否する能力が未発達のまま成長してゆく子どもはかなりいます。親やおとなが、関係性のなかでその育ちを阻《はば》んでしまう場合もあるのでしょうが、私はそれだけでなく、この能力の発現には個人差があり、その子の個性によるものも大きいように思います。たとえばレイさんは、お母さんにその育ちを抑止されていたわけではありません。彼女の性格傾向として、人と争うことが嫌いで、基本的には状況にあわせて生きていくタイプだったことから、お母さんのいうことに従っていたのだと思います。

しかし、積極的に状況を変えていこうとするタイプの人でも、状況にあわせて自分の方を変えていこうとするタイプの人であっても、いいことはいい、嫌なことは嫌と拒否できることは生きていく上で極めて大切です。それがなければ、人は人のいうなりになるしかなく、へたをするとつぶれてしまうでしょう。また、全面的に誰かに配慮してもらって自分にあった環境をつくりだしてもらっているのも、人としてはへこむ、淋しいものです。さらに親は子どもより、先立つ順番が早いので、いつまでも子どもに親をあてにさせてあげるわけにはいきません。拒否能力は、使いたいときに使えればよいのであって、ふだんは使わなくてもよいのです。ではこの拒否能力は通常、いつ頃どのようにして育ってゆくのでしょうか。

・一歳をすぎる頃：拒否能力「イヤ！」が育ってくる

知的障碍のある子どもたちの発達相談をしていると、一歳をすぎる頃から、これまで一方的に親から与えてもらった玩具で楽しんで遊んでいた子どもが、手にした玩具を放り投げ、いらだつ様子がみられるようになります。何をいっても「イヤ！」「イヤ！」と首を横にふって、身体をバタバタさせて拒否ばかりするのです。これは「自分」というものができてきた証であり、拒否する力という、大事な能力が育ってきたことを意味します。

子どものこころに、外の世界に対する好奇心が芽生えてくると、最初のうちはぐんぐん積極的なとりいれが起こります。最初のうちは選別せずに、何でもかんでもとりこみます。そして次の段階で、「これは好き」とか「これは嫌い」というように、自分の好みによって選別するようになるのです。先の玩具を放り投げる行為は、「これは嫌だ」という拒否する動きがはじまったことを意味しています。しかし拒否能力が現れてきた当初は、本人は選択的に拒否してはいません。なんでもかんでもとりいれたように、その反対に、なんでもかんでも拒否しているだけなのです。それが次第に分化してゆき、嫌なものは拒否し、よいものは受けいれるというように、選択してとりいれたり拒否したりするようになってゆくのです。

このように最初は何でもかんでも拒否する理由として、拒否の意味がわからないということのほかに、私は拒否する楽しさが関係していると考えています。というのは、それまで子どもの世界との関わりは、基本的にはずっと「してもらう」という受け身なものです。それに対してイヤと拒否するのは、世界に対する能動的な関わりです。だからそのこと自体が面白く、すぐにやめたくないのではないでしょうか。また子どもが拒否したとき、親は怒ったりがっかりしたり、と、これまで子どもが見たことのないような表情をするでしょう。それもまた子どもにとっては新鮮で面白く、だからしばらく見ていたいから、すぐにはやめたくないのではないかと思っています。

とはいえ、この時期の親ごさんはてんてこ舞いです。遊び道具を放り投げるのは仕方がないとしても、たとえば食事の時におかずを食べずに遊んでしまい、さらにお皿からおかずを床に投げたとしましょう。ここで「ダメでしょ」と叱ってその行為が悪いことだと伝えることは、一応は必要です。でも先にお話ししたように、子どもはわからないから続けるというだけではありません。ここで親が叱っても子どもがやめない、やめないからまた叱る、という悪循環のバトルになります。しかしこのバトルこそ、子どもにとっては「親にかまってもらっている」、つまり遊んでもらっている素敵な時間になっているのです。だから一層「やめない」、正確にはやめたくない、のです。

このバトルの罠にはまらないためには、親が一度は叱っても、言うことを聞かない場合には「その瞬間の関わりをやめてしまう」、つまり親の関心を撤去させるのが一番の作戦です。子どもたちにとっては、食卓の場面でのバトルで、親との関わりに夢中になり、「イヤダ」という怒りの感情で頭もお腹もいっぱいになってしまうのです。多くの親ごさんたちはできるだけ押しつけるのではなく、子どもとよい関係で仲良く「おしまい」にしたいと願います。そのために理屈をいって合意をえようとしたり、あるいはくどくどいうことが起こります。しかしこのように知的に納得させ、仲良くわかりあおうとするアプローチは、逆に親子の間に関わりを生じさせてしまうので、関係性のバトルに発展してゆくことになるのです。だからここは断固きっぱり「おしまい」とひとことといって片付けてしまうのがベストです。もちろん子どもは泣き叫び、じだんだをふんで抗議することでしょう。しかし何をしても親ごさんが動かないということがわかれば、子どもは仕方なくあきらめることができるのです。

つまり、子どもには拒否能力の発達という課題がありますが、親の側にも断固きっぱり、この時期には「ダメなものはダメ」という態度を示すことが課題になっているのです。ただ、そんなことをするのはひどい親なのではないかという罪責感や、理屈では一食ぬいても死なないとはわかっていても、もし何かあったらどうしようという不安から、この頑固きっぱりというのは、親がとることがむずかしい行動なのです。ですから、食べることに関しては自分はそういうことはできないと思ったら、別の課題で挑戦し、「子どもの行動は何とかしたいけれども、食べることに関しては、自分が不安だからとりくむことはやめにしよう」と考えるとよいでしょう。これはつまり、自分の精神衛生を保つために食事場面での放り投げをやめさせるのは、あきらめるということです。いずれにしてもこの「放り投げ」は、かならず終わりが来るのです。

・二歳をすぎる頃：自己主張がふえてゆく

さて、二歳を過ぎると自己主張がふえてゆきます。具体的には、たとえば小さいコップから大きなコップまで、いくつものコップを順にいれてゆく遊びがあったとします。親は順次いれてゆきますが、それをみていた子どもは、コップをひっくり返して高く塔をつみあげていったりするようになってきます。

これは与えられたやり方や課題を拒否したり、あるいは自分がしたいように変えて遊ぶということで、子どもの発達上の大きな転換点にあたります。先の「ダメ」というのは拒否能力ですが、その上に、物事に対する受け身的な関与から積極的な関与への質的な転換が起こってきているということなのです。

この時期には親ごさんは、子どもが自分流のルール（マイルール）をつくって遊んでしまうので、一般的なルールに従って遊ぶことができない子どもになってしまうのではないかと不安になります。でもそれは違うのです。社会から押しつけられたルールに従う前に、まず、マイルールがあり、マイルールで思う存分好き勝手に遊ぶから、次の段階として一般的なルールで遊ぶことができるようになるのです。

新しい能力を獲得するときには、通常、親やおとなが安心できるような出方はせず、困った行動として現れます。このようにしながら、子どもは拒否する能力を身につけ、必要があれば自己主張することができる自分に育ってきます。レイさんの場合、この二つの時期が、高校二年の時にまでずれこみ、いわばやっとでてきたということだったのではないかと私は考えています。

5

自分らしく生きてゆきたい

○おとなになって

・早く仕事につかせようとする社会

知的障碍のある人が高校を卒業したり、専攻科を卒業した後の進路としては、すぐに仕事に就かずに、おけいこ事などをする場合もありますし、最近では大学に入るという道も拓かれつつあります。しかし実際にはまだまだすぐに作業所に就労したり、一般企業の障碍者雇用枠で就職するというのが通常のルートです。作業をするというよりも、朝でかけて夕方自宅に戻り、好きなことをして日中を過ごすという形態もあります。

どのような形態をとるにしろ、彼らはほんの一八歳から二〇歳です。健常な人はこれから大学や専門学校にいったり、留学したり、ぶらぶらしたりと、おとなになっていく間の時間を自分育てのために自由につかうことが可能です。生涯学習という言葉もあるように、これから先ずっと、自分が望む時に好きなことを学べる体制が、健常な人たちには整っています。

それに対して、知的障碍のある人たちには、昔と比べればすこしは増えてきたとはいうものの、このような選択肢はまだまだ少ないのが現状です。養護学校を卒業する時点で作業所をきめておかなければ、それ以降の面倒はみられませんと高校にいわれるくらい、わが国の作業所は、どこもいっぱいなようです。だから、高校在籍中に数か所の作業所に実習に行き、目星《めぼし》をつけておかなければなりません。高校生活は社会にでてからの仕事選びのための時間であって、青春を自由に謳歌《おうか》する余裕は、あまりないように思います。高校で不登校になった子どもの親ごさんは、将来の仕事をきめるためにも、子どもをひっぱってでも学校に戻そうとしがちですが、それは、ここで就労先を確保しておかないと、どこにも行き場がなくなってしまうという不安からなのです。

とはいえ、彼らは彼らなりに自分のことを考えて、自分なりの楽しみをもち、自分なりの悩みをもっています。何よりも、彼らは社会のペースにあわせて生きるのではなく、自分なりのペースで自分なりに納得し、大変さも苦労もあるけれども、同時に楽しみもある人生を生きてゆきたいと願っていると思います。しかし同時に、このささやかな願いを叶《かな》えることはなかなかむずかしいということも知っており、人々に迷惑をかけないようにと、ずいぶん頑張って生きている人々が多いように思います。

・一人のおとなとして扱ってもらえない

彼らが私たちに求めていることのひとつには、一人前のおとなとして扱って欲しいということがあるように思います。それは、彼らがどのような障碍をもち、どのような程度の知的障碍があるということに関係なくです。しばしば彼らがこぼす愚痴のなかに、作業所などでの職員の態度のことがあります。障碍をもった人はずっと同じ作業所にいることが多いので、そこにいる年数は長くなります。自分が長くつとめている作業所に、あたらしく配属になった、大学や専門学校をでたばかりの若い職員が、自分よりもずっと年長で、しかも勤続年数が長い知的障碍のある人に、乱暴でぞんざいな口調で話しかけたり指示するのが嫌だ、ということを聞くことがあります。

また、就労している人々は、どんなことでも職員のだす命令や指示にただ黙って従っていればよいのであって、文句をいうのはもってのほか、従わない人は問題があるという話を聞くこともあります。先日も、私立高校の普通科を卒業した軽度知的障碍の人で、いくつかのアルバイトをしたのち、作業所での就労にはじめて行ったところ、養護学校でちゃんと訓練を受けていないから態度が悪い、指示に従ってやっていればいいのだと、くり返し叱られたとこぼしていました。

もちろん仕事ですから、指示に従う必要があるのはわかります。ただ、もしも相手が従ってくれないのだとしたら、自分の出す指示の仕方や言い方がまずいのではないかとか、何かがうまくいっていないからそういうことが起こるのではないかとかというように、関係性のなかで考えたり、自分の方を修正してゆくという発想がなく、知的障碍があるからというだけの理由で、すべての責任が知的障碍のある人に背負わされてしまう、ということが起こりがちです。

私たちは、彼らが高校を出たとたん、就労させておとな扱いをする一方で、このように都合の悪いことは、子ども扱いするというような矛盾する行動を知らないうちにとっているように思います。知的障碍のある人々の反論をきちんと聞いていくと、まっとうな不満をいっていると思うことが多いのです。

もちろん知的障碍のある人々のことをよく理解し、暖かく対応している作業所や施設はたくさんあります。しかし知的障碍のある人たちは、自分たちで積極的に体制を変えていくことはむずかしく、また、主張したとしてもきちんと受けとめてもらいにくい人々です。ですから少しでも本人たちが人として尊重され、安心して過ごすことのできるような場所をふやしていこうとすることは、周囲にいる私たちおとなたちが留意すべき課題だと思います。

○「困った人」から素敵な女性に

・正当に発揮されない能力が問題行動に

せりなさんはダウン症で、知的には重度に近い中度障碍のある女性です。私のところに二五歳の時にみえ、以降月に一度のペースで約一〇年間、親子で心理相談に通い、当初抱えていた複数の問題を解決してゆきました。

結論を先にいってしまうと、彼女には自分の気持ちをうまく調整することができないという問題があったのですが、それについて周囲は長い間、彼女が自分の感情をコントロールすることができない、つまり情動調整の能力が低いから生じていると捉えてきました。しかし彼女は、自分の情緒をコントロールする力がなかったのではなく、その力をもってはいるものの、自分の奥深くにとじこめられていて、そのままでは発現させることができなかったために、形をかえて問題行動として現れていたのでした。問題行動を起こすことによって彼女は、私たちに「私にはちゃんと自分を統御する力があります。それをみつけ出して、私がちゃんと使えるように助けてください」と訴えていたのだと思います。

自分のなかに対応できる能力があるのに、それがうまく発揮させることができず、潜伏したままになっているとき、しばしばそれは問題行動となって顕在化します。そして問題を解決していくことにより、その能力を発揮できるようになると、またひとつ成熟した人へと心理的に変容してゆくのです。

・問題行動による激しい訴え

作業所でちょっとしたことでパニックになってしまい、暴れてしまうというせりなさんに私が出会ったのは、彼女が就労して五年目の二五歳の時でした。パニックというのは彼女が不安定になったときにイライラし、情緒的に混乱が起こって自分の髪をひっぱる、めがねをぐちゃぐちゃにつぶすなど荒れる行動がでる、というものでした。ほかにも作業所のスタッフになりたがり、そのためにトラブルが起こってしまう、自分の思うとおりにやりたがるので、団体行動がとりにくい、ということも語られました。あわせて結婚願望も強いために、すぐに「○○さんと結婚する」と言ってしまう、ということでした。

お母さんは彼女もいろいろ悩んでいると思うので、話ができるとよいのではないかと、彼女が心理相談に通うことを希望しました。彼女はというと、簡単な問いには機嫌よく答えてくれるものの、ちょっと自分の関心とズレる話は、自分が好きな話に変えてしまいます。わかりにくいからなのでしょう。こころの相談をするということの意味は、いまひとつピンとこないようでしたが、自分が自由に話せる場だと感じたようで、「来てみる」ということでした。

お母さんによると彼女はもともと激しい性格で、作業所実習中にある先生を好きになり、気持ちが混乱して、通学バスのなかからカバンをすてたりメガネをぐちゃぐちゃにする、運転手さんと喧嘩をする、というような行動がありました。そのために医療機関を受診して投薬治療をうけました。現在の作業所に就労し、少し状態が安定したので薬をへらしたところ、「〇〇さんに会いたい」と言って目がすわり、幻覚妄想まで出てスタッフを殴る蹴る、ガラスを叩き割るという行為が多発しました。そこで減量していた薬を元の量に戻したところ、症状も暴力もおさまったということでした。

今回の問題行動を、作業所としては、彼女が自分の障碍のことをわかっていて、スタッフになりたいけれどもなれないこと、自分にできないことがある、ということに対して葛藤があること、結婚したいのに思いどおりにならない、というようなことから混乱し、情緒が乱れているのではないかと捉えており、彼女にとってできることをしたいので教えて欲しいという趣旨の手紙を、お母さんに託していました。この記述から、私は彼女を見る目がやさしく暖かく、ふところの深い作業所だと感じました。

・彼女にとっての「相談」とは

彼女はそれ以降、「相談」にくることを楽しみにするようになりました。彼女にとっての相談とは、自分が思う存分、自分のしたい話をすることでした。もちろん、彼女の話はふだんでも家で親ごさんや家族が聞き、作業所でもスタッフが仕事の合間に聞いているに違いありません。でも日常というのは忙しく、あまり時間的余裕がありません。一方彼らは、的確に要領よく話すことが苦手です。だから、ついついこちらが急がせてしまったり、わからないところを確認しようと聞き返したり、要点を早くつかもうとする質問をしたりすることが多くなりがちになるように思います。

それに対して、相談の場は限られた時間ではあっても、その時空間の中では彼女自身が主役です。自分でしゃべりたい話を自分のペースでしゃべってよい、したくないことはしなくてよく、質問に答えなければならないわけではないという場を得たことで、彼女はずいぶん精神的に安定しました。この自分のペースで話をするということこそ、彼女が「相談」でしたいことだろうと私は思うようになりました。

そこで情報を把握したり、わからないことを聞き返すことを急ぐのはやめて、わからない部分の情報に関しては、お母さんとの面接で補うようにして全体の把握と理解をして、具体的な対処に関してはお母さんと打合せ、家や作業所でしていただき、結果を次回検討するように親ごさんの面接を併用させました。私が最初にとりくんだ課題は、作業所でのイライラを調整することでした。

・自分で調整をはじめる

話を聞いていくと、イライラして怒鳴ったり、メガネをぐちゃぐちゃにするのは毎月あるようでした。毎月あるということと、似たような時期になるということは、生理と関係しているのかもしれません。いずれにしても、彼女が自分のイライラに何かしらの原因があるとわかるとよいのではと思い、さらにそのイライラをモニターできるようになると、よいだろうと考えました。

そこで作業所のスタッフさんに協力をお願いしました。スタッフさんは「女の人にはみな生理がある、ホルモンのせいで身体の調子が崩れる、それを記録しておくといろいろ計画がたちやすい」と彼女に話してくれました。話を聞いて、彼女は手帳に記録するという行為が気にいったようで、さっそく手帳を買って、書いてみようとするようになりました。もちろんこれで、すぐにモニターがうまくなったわけではありません。しかし生理のせいにできるということは、自分のせいではないという意味で自分を励ますのに役立ちますし、他人への言い訳にも使えます。何よりも、自分で自分の気分の変化を把握しようとすることは、誰かに何とかしてもらう、という受け身型のセラピーとは違います。三か月ほどたつと、この問題行動は消えました。

また彼女は、いったん調子を崩すとその日の間ずっと尾をひいて、調子を回復させることがなかなかできなかったのですが、半年ほどたつと、調子を崩しても、数時間で回復するように、立ち直りが早くなりました。

しかし彼女は以前、精神病的な症状を呈したことにみられるように、精神的な脆弱《ぜいじゃく》さをもっているように思われました。そこで安全のために、調子の悪いときには頓服《とんぷく》の薬ものむのも一つの手だから、のんでみるのはどうだろうと提案したところ、のんでみるという答えが返ってきました。さらに荒れた時に飲んだら調子が落ちついたことから、調子が乱れた時には自分から「くすりをください」とスタッフさんに申し出て、のもうとするようにもなりました。これは、自分で自分の調子をコントロールしようとする意欲がでてきたことであり、自分の治療に自分自身が主体的に関わるという意味で、とてもよいことだと思われました。

・精神的なゆとりがふえて

約一〇年の面接の間に、驚くほどの変化がいくつかありました。ひとつは、それまでは人が何かいうと、とにかく拒否するということがほとんどだった彼女が、人の意見をとりいれて、問題への対処行動をとるようになったことです。

たとえば家で彼女がお母さんと話をしていて、困った事態に追い込まれると、これまでは激昂《げっこう》し言い返すだけで、最後は「だって（私は）まだ結婚してないのに！」という言葉に逃げ込んでいました。それが面接に通いはじめて二年ほどたったある日、最後のこのセリフをうけて、お母さんが「話をすりかえるんじゃありません」といったところ、彼女は言い返さずはじめて黙りました。さらにお母さんが、「結婚は無理だと思うよ」と言ったところ、彼女はにっと笑ったということでした。やがて自分が不利で困った事態に陥っても激昂することがなくなり、穏やかにいられるようになってきました。

　その頃、作業所からも次のような嬉しい報告がありました。作業所でも以前よりも仕事量がふえて、おちついて仕事ができるようになってきたこと、もともと同じ職場ではたらいている自閉症の人のいう言葉に、以前はひとつひとつ反応して混乱が起こっていたけれども、最近では聞き流すことができるようになってきたこと、以前は精神的に崩れると、その場でまるで子どもがするようにギャーギャー泣いて暴れていたのが、自分から進んで別室に行って泣いて気持ちを立て直し、それから仕事に戻るようになったこと、さらには仕事に戻った時に「さっきはごめんなさい」と自分からスタッフさんに、素直に謝るようになったこと、などです。これらのことは、彼女がより人として成熟し成長してきたことを現しており、以前よりも明らかに、精神的にゆとりがうまれてきているように思われました。

　五年がたつ頃には、暴れたくなった時の対処を自分からスタッフに尋ね、「ガマンすることでしょう」といわれると、ときどき「がまん、がまん」と自分で自分に言い聞かせるように、自分に語りかけるようになったり、ほかの人が話していた冷蔵庫の比喩を用いて、「頭にきたら冷蔵庫で冷やすといい」と、ジョークを使うまでになりました。このようにして具体的に提案され、試した結果自分のものにしていった対処行動や考え方は、彼女の情緒や行動のコントロールに役立ってゆきました。そしてさらに、自分から積極的に「こういう場合はどうしたらよいか？」とお母さんに尋ね、対応をとりいれようとするまでになりました。

・ことばを扱う力がふえる

もうひとつの彼女の変化は、ことばを扱う力がふえたことです。具体的には、以前はイライラすると、すぐにそれが行動にあらわれていたのですが、相談をはじめて二年ほどたつと、いらだつ時に「イライラする」と気持ちをことばで表現することによって、実際にイライラする行動を抑えられるようになってきました。自分の気持ちを的確なことばで掴むことができたから、その気持ちにふりまわされなくなるのでしょう。

使うことばも豊かになりました。以前だったらただ「悲しい」とだけ言っていたのが、相談をはじめて三年ほどたつと「……だから涙がでるほど悲しい」というように、より心情をこめた表現をするようになりました。あわせて自分が迷惑をかけた時には、「迷惑をかけてごめんなさい」ときちんと謝る、何かをするときには自分から「～しましょうか」と相手に尋ねることばがでるなど、ことばそのものとの関係が以前よりもずっと自由に広がってきました。

相談をはじめて五年たった三〇歳になった頃には、家に遊びにきていた母親の友人に「私、こころが風邪をひいちゃったの」と言い、相談の場でも「私はこころが癒されたい」と語るなど、自分のこころが疲れたとか、傷ついたというようなことをことばにしてゆきました。また、お母さんに叱られた時に親を二時間シカトし、その後叱られた理由をお母さんが尋ねると、「〇〇だったから」とその理由を彼女自身がことばで説明する、作業所で疲れてダウンしていると、「さっ、少しペースをあげなくちゃ」とか、「お中元の注文もふえちゃったし」と、自分で自分を励まし、失敗すると「そんなこともあるさ」と自分で自分に言い聞かせ、精神的にも崩れにくくなりました。

　このように、彼女は相談を重ねていくにつれて、自分の内面や考えをことばで表現する力を育てていきました。このようにことばを用いて自分なりに自分のことや人のことを理解することができ、また、ことばで思いを言い表すことがふえたことも手伝って、彼女の自分で自分の情緒をコントロールする力がふえました。あわせて心理的に余裕がでてきたことで、臨機応変な対応もまた可能になっていきました。

・「ひとりでクリニックに行きます！」

　心理面接をはじめて八年目の彼女が三三歳の春、これまでお母さんと一緒に相談にきていた彼女は、一人でクリニックに行きたいと、はじめてお母さんに申し出ました。これまでは普段と違うことが起こるとパニックになりがちだったために、お母さんが付き添っていましたが、よい機会なので試してみようと、ガイドヘルパーの制度を利用して母子が別々に来院するようにしてみました。

　そうしたところ、彼女は自分がヘルパーさんをガイドして来院しようと頑張り、顔つきがしっかりしてきました。いつもと違うことが起こってもパニックにならず、自分で何とか対処しようと頑張ろうとするようになりました。たとえば病院の支払いで、用意していたお金がたりなかったとき、以前ならびっくりしてとり乱してしまったのに対して、ちょっと余分にもっていた手持ちのお金を使うことで、何とか支払うことができました。

彼女はガイドヘルパーさんを「私の友だちです」と紹介し、ヘルパーさんと相談にきた後、ランチを一緒にとるということが、とても楽しみになりました。このヘルパーさんは彼女を一人のおとなとして扱い、受付で予約票をだす、待合で待つ、会計をするという一連の行動を、彼女のペースを尊重し、あせらせずに見守ってくれる素敵な人でした。

・自立したおとなへ

彼女にはスタッフになりたいということと、結婚したい、自立したい、という三つの夢がありました。彼女はもっともっと自分を発揮して、自分が「ちゃんとやった」という手応えを持ちたいと考えている女性でしたが、いくら作業所が彼女の意向を大事にしてくれる場であっても、スタッフになることはできません。

そこで別の形、たとえば集会などで会議をする時に受けつけ係を依頼したり、ショートスピーチをお願いするなど、作業所が積極的に役割を依頼するようにしてくれました。そうしたところ、彼女は個々の役割を責任をもって的確に果たし、スタッフが風邪で休んだ時には、スタッフの代わりに指示が必要な人の面倒をみて助かったと感謝されました。

結婚は相手あってのことなので、自分だけで叶えることはできません。さらに知的障碍があるということも邪魔をします。でも、想像するのは自由です。私は日本髪をゆい、かんざしをさしてウエディングケーキを切って、○○ホテルで式をあげて……という彼女の話を、繰り返ししっかりと聞くということで、彼女の夢を一緒に共有しています。もちろん私も、彼女がそれだけで満足できていると思っているわけではありません。彼女のこころの中は結婚したい、でも、自分には縁がないのかもしれない、でも……と複雑だろうと思います。私に語る時彼女の瞳はちょっと遠くを眺め、きらきらと輝いています。それは「せめて先生と話すとき、夢が叶ったつもりになってみよう」としているからではないかと思います。そのせつない女ごころだけは、彼女の財産です。それを私も精一杯一緒に夢みていくなかで、彼女が自分の女心に、何とか折り合いをつけようとしていくことを伴走したいと思っています。

お母さんとの話でも、以前にはすぐに彼女が「結婚したい」といっていたのですが、ある時お母さんが、「そういうことを、どこででも話すのは、おとなではありません」といったところ、ちょっと考えてから、「まず人を探します」と言い、やたらといわなくなるなど変化してゆき、すこしづつ結婚に関する緊迫感がやわらいでゆきました。

現在彼女は家を出てグループホームで生活しています。最初のグループホームで生活した時には、彼女の情緒のコントロールがむずかしい時期だったために、対人トラブルが起こってしまい、うまくいきませんでした。しかし現在のグループホームでは、彼女の状態が安定してから入ったことと、最初のホームでの失敗も役にたち、適応した生活を送っています。

◯仕事のなかでうまれる悩み

知的障碍のある人も、仕事をしていく過程でいろいろな悩みを抱えています。ただ彼らの場合には誰かに話したり、積極的に改善させていくような動きを起こすことは少なく、内に秘めてしまうほうが多いように思います。そのために家族でも、悩みに関してはよくわからないのだろうと思われます。特におとなになると、家族と何でもかんでも共有したいとは思わなくなるので、一層、こころの中に秘めようとするのだと思います。

・聞けないし、尋ねられない

順くんは一般就労の障碍者雇用枠で二〇歳のとき、ある会社に就職しました。軽度の知的障碍があります。

彼は最初のうちはきちんと通っていたのですが、半年ほどたつと、朝、家は出るものの、仕事場に行かずに会社が終わる頃に家に戻るようになりました。親ごさんはそのことを、会社からの電話で知りました。親にも内緒でさぼっていたのです。親ごさんが問い詰めても、なぜそんなことをしたのかという理由が見えてきません。そこで途方にくれて、私のところに相談にみえました。

連れてこられた彼は、首が肩から落ちそうなほどにうなだれ、しょんぼりとしていました。

親にもなぜそんなことをするのか、くり返し聞かれるけど、自分でもよくわからないといいます。「なぜ？」という問いは、すでにあちこちで言われて叱責や非難の色合いが濃くなっていたようだったので、私は理由を聞かず、日常の彼の職場での過ごし方や人との関わり方を聞いてみました。そうしたところ、次第に彼が職場に行けなくなった理由が、ぼんやりとではありますがわかってきました。断片的な話を総合すると「僕は仕事は好き。今でも頑張ろうと思っている。職場の人に『〇〇して』といわれて『はい』とは言うが、それが何なのかがはっきりわからないことが多い。でも、聞き返すのは気がひける。何となく聞けなくて、で何となくずるずる……。朝は間違いなく会社に行こうと家をでる。でも会社近くの駅に近づくと何となく足がむかなくて、自分でもわからないうちに別のところに行ってしまう……」ということのようでした。

私は同じような悩みを、ほかの知的障碍のある人からも聞いたことがあります。つまり朝出る時は本当の本気で行くつもりなのだけれども、会社に近づくと気持ちが萎《な》え、変わってしまう、そのこころ変わりは、自分でも想定外のことなので、どうしようもないのでしょう。

また、聞くことをめぐる惑いもよく聞きます。彼らは、ぱっと指示を出されてもわからないことが多いのだけれども、聞き返すことがうまくできません。わからなければ聞き返せばよいとは、くり返し言われていることですが、そんなに簡単なことではないのです。聞いたとして、相手にべらべらっと早口でいわれると、よくわかりません。聞くと大声で、どこかいやみっぽくくり返す人もいるでしょう。あるいは聞いても無視される場合もあります。聞けばゆっくり話してくれるけれども、「これでわかった?」というような念押しの顔をされると、わかればいいけど、もしわからなかったとしたら? と思うとぶるぶるっと背筋に寒けが走るというような、さまざまな事態が予想されます。聞いたら答えに対して責任をもたなければならないということは、とても厳しいことでしょう。結果、「だったら聞かないほうがまし」ということになるようでした。

彼らはおそらく、誰かにものを尋ねることに関して、それぞれ相当に複雑な感情を伴ういやで怖い体験をたくさんもっているので、あんまり聞きたくないのだろうと思います。そのためにわからないまま、何とか自分でできることをしてゆくものの、次第にわからないことや心理的負担がたまっていくと気持ちが重くなり、順くんのように家は出るけれども会社には行けない、ということが起こったりするのではないかと思われました。こういうことは、本人自身がそこまでの葛藤を自覚しているわけではないので、行動として問題が現れてくるのです。

彼は会社の社員食堂で昼食を食べず、コンビニでパンを買って食べていました。その理由は、自動販売機から自分で食券を買って食べるというその買い方を、人に聞くのが面倒だからということでした。彼は食堂を利用しなくても、コンビニで好きなパンを買って食べるのでよかったのでそれ自体は困ってはいなかったのですが、これも結局、一度聞いても使い方がわからないとややこしくなるから、という理由からでもあったのです。

また、話を聞いていくなかで、別の意味でも彼の職場での居心地の悪さがわかってきました。彼は暖かい雰囲気をもっており、やわらかい応答をする人です。わりとよくしゃべります。日常的なことは基本的にはわかるし、聞き返さずに「うんうん」と聞いているので、彼と接している人は、彼に知的な障碍があることを、おそらくは忘れてしまうようでした。このように一見、外からわかりにくいということは、本人の困難さも外側からはみえにくいために、生きにくさにもなるのです。

親ごさんたちは、会社の上司はとてもよい人で、彼に知的障碍があるけれどもやる気がある人だからと彼を高く評価してくれていたので、裏切るような行為は許せないと怒っていました。もちろんその親ごさんの気持ちはわかります。しかし今回の事件はあらためて、彼らにとって「世の中には、漠然としてよくわからないことがたくさんあり、人に聞くことは想像以上に容易ではない」という、彼らが社会とつきあう上での困難さを私たちに示しています。

私は彼にも親ごさんにも、私が捉えたこの事件の理解をお伝えし、無理をしたのでお休みをとることを提案しました。結局彼はそこを辞めてすこし休んでぶらぶらしたあとで、別のレストランで皿洗いをする仕事につき、そこへはきちんと通うようになりました。そこでは指示系統が複雑ではなく、日や仕事によって指示が変更になることはなく、基本的には同じことを同じように行っていけばよい、ということだったので、それが彼にとってとても助かったようでした。親ごさんの希望することよりも単純な仕事ですが、彼はいま毎日、職場に通っています。

・夢は叶わなかったけど

えりさんは三〇歳。作業所でパンをつくる仕事をしてきました。軽度の知的障碍のある彼女は養護学校を卒業後、すぐにその作業所に入り、パンづくりをするようになりました。小さい頃からお母さんが自宅でパンやクッキーを焼くのを見て、手伝ってきた彼女にとって、自分がパンをつくるようになったことに、小さな誇りを感じていました。そしていつの日か、パン部門のチーフになりたいというのが、彼女の胸にひめた願いになっていました。実際、彼女はとても上手につくり、職場での経験が一番長かったこともあり、周囲も新しく入ってくる人々に、つくり方の手順を教える役割を頼んでいました。

ところがある日、作業所の所長がかわり、部門がふえるなど大幅な体制の変更が起こりました。彼女の属していたパン部門にも、新しく責任者が入ってくることになりました。その専任のスタッフは、大学を出たばかりの二〇代の女性で、パンづくりに関してはまったくの素人で、えりさんのほうがずっとうまくつくることができました。

彼女は自分がチーフに選ばれず、パンづくりに関しては自分よりもうまくできない、年下のチーフがいきなり来たことにショックをうけました。そして何かにつけてそのチーフに逆らうようになりました。彼女は家で親ごさんたちに「どうしてあの人が来たの。私のほうがずっとできる。おかしい、おかしい」と訴えました。親ごさんも彼女の心情がよくわかるので、作業所の新しい所長さんに、これまでのいきさつを話してはみましたが、とはいえどうにもなりません。そのうち彼女は玄関までくると動悸《どうき》がして金縛りのような状態で、動けなくなるようになりました。元気だった彼女のあまりの不調に、親ごさんがびっくりして相談に見えました。

からだが動けなくなるというのは、相当心理的にまいっている証拠です。というのは、身体は嘘をつかないからです。そこで彼女に対してまず、「疲れていると思いますから、休んだほうがいいと思います」と提案し、了解をえることができました。それからの彼女は疲れがいっきにでたようで、最初の二か月の間はほとんど寝たきりのような状態になりました。「このまま眠り病になってしまうのではないか」「何もしなくなってしまうのではないか」と心配する親ごさんに、必ず元気になるからと励ましました。

三か月ほどたち、少しづつ起きている時間がふえてきて、そうじやせんたくなど、軽い家事を自宅でするようになりました。そして一年たつと、彼女は「チーフになるのはもういいです」と、現実と自分の気持ちをおりあわせ、作業所に復帰してゆきました。

彼女はパンをつくる部門でチーフになることはできませんでしたが、不調からの復帰過程で、これまでほとんどしなかった、ほかの作業のサポートにはいるということを自分からするようになりました。その結果、彼女の仕事の守備範囲は少し広がり、さらにそこで来てもらえて助かったと感謝されるようになりました。感謝されるということは、自分がしたことを正当に評価されることで、彼女にはうれしいことでした。

彼女は月に一度相談にきて、私といろいろな話をしました。彼女は自分が話したいことをメモってきて、それをみながら楽しそうにおしゃべりをしてゆきました。彼女は私との面接の時間を「女同士の秘密」と称して、その関係を大事にしました。休養によって身体が楽になったことと、自由に考えることができるこの空間があったことで、彼女の精神は自由と余裕をとり戻していったのでしょう。

うけいれがたい事実をどうしてもうけいれなければならない時、私たちに必要なのは「時間」です。知的障碍のある人の場合、その時間は健常な人にかかる時間よりも、もっとずっと長い時間が必要なのではないかと思います。私は順くんにもえりさんにも、休むことを提案しました。心理的につらくなると、からだが動かなくなるだけではなく、頭の動きも鈍ります。全体的にローギアで動いているような状態なので、エネルギーの消耗が激しくなります。だから身体的な負担をはずし、休んで自分のために時間を使うと、心理的にも余裕がでてくるので、全体的なエネルギーが回復しやすくなるのです。

また、せりなさんもえりさんも、自分の夢そのものは叶いませんでしたが、その夢の母体となった、自分のやりたい意欲を表出することのできる場を、周囲の協力も手伝って、別につくりだすことができました。夢をただあきらめるのはもったいないことです。このように、夢をきりかえて別のもので具現化するということは、私たちが日常、行っていることです。彼女たちは今、誇りをもち、胸をはって自分の仕事をしています。

・仕事をするだけが人生ではない

あゆみさんがお母さんと相談にきたのは、彼女が四〇歳に近づいた頃でした。彼女はほとんど休むことなく、作業所で実直に仕事をしてきた、その作業所では一番のベテランでした。その彼女がある時から「怖い怖い」といって朝布団から出てこなくなりました。親ごさんは驚き、とにかくむりやり起こして作業所につれていっていたのですが、そのうち彼女は、ふとんにしがみつき、てこでも動かなくなりました。そして「怖い怖い」と言いながら暴れ、耳をおさえて「うるさいの」と涙をこぼして震えるようにもなりました。さらには突然脈絡もなく、「ギャー」っと叫んでオイオイ号泣するようにもなりました。その号泣は一時間ほど続くのでした。

中度の知的障碍のある彼女は質問にはそうか、ちがうか、ということは返すことはできますが、うまく説明することはできません。そこで親ごさんは作業所で何かあったのか聞きに行きました。

そうしたところ、その年の春から新しくはいってきたメンバーが、彼女のことを何かにつけて目のかたきにして、いじわるをすることが数か月続いていること、彼女が怖いというようになった頃は、その人にいきなり頭をポカンと叩かれたという事件があったことがわかりました。親ごさんは、せっかく慣れて通っている作業所だから、作業所に申し訳ないとも思って本人に無理をさせて通わせてきたけれども、そんな事件が起こったことを教えてくれなかったことから、ちょっと不信感をもつようになり、彼女へのこころのケアだけでなく、親としてもどうしたらよいかと相談にみえました。

とにかく精神的に調子が悪いことは明らかで、その不調の原因は作業所でのその仲間との関係にあるようでした。彼女は黙って、お母さんの隣で頭をうなだれ身体をまるめ、一緒に話を聞いていました。私はまず、彼女に「いきなり叩かれたのは、びっくりしたし、怖かったのではないかしら」と尋ねたところ、首を縦にふりました。お母さんは突然毎日の生活のなかで、それまで穏やかだった彼女が「ギャー!」と叫ぶのは、どうしてなのか理解できずに困っていました。自分と一緒にテレビをみていたり、ゆったりしている時にでも起こるのです。私はこのとき、彼女に「突然、何かがワーっと吹き出してくるのかしら？」と尋ねました。そうしたところ、彼女は少し顔をあげ、「うん」と小さく返事をしました。「たぶん、何かに刺激されて、怖かったことを思い出すのではないかしら」と伝えたところ、私の顔をおずおずとではありますがちゃんと見ました。フラッシュバックが起こっていると考えられました。耳を抑えるというのは、相手の声ががんがん響いていたのでしょう。

親ごさんは、その相手に面談させて、謝罪させたらどうかと提案しましたが、彼女は相手の名前が出ただけで震えています。だとするなら当面は、刺激にさらすことは避けたほうがよいのです。また、親ごさんは、彼女が外出を嫌がっているのを心配し、体力がおちないようにせめて散歩をさせたいといっていましたが、彼女はそれに対して「怖い怖い」と呟きました。その人と会うかもしれないという不安が、彼女を脅えさせていたのです。それなら当面、外出もしないほうがよいのです。

そこで親ごさんの心配する気持ちはわかるけれども、彼女の元気を回復させるためには何よりも彼女が怖がる不安から遠ざけることが一番の早道だから、相手には会わせないほうがよく、家でもその話はしないこと、外出もやめるということにして、作業所を全面的にお休みしてゆっくり時間をかけて回復させていくことを提案しました。

その辛い体験を思い出させる要因がなくなったことで、彼女は次第に落ち着いてきました。そして一年ほどたつと、洗濯をして洗濯物をとりこんだり、食事を一緒につくったりと家のなかでは自由に動けるようになりました。当初ひきつり、雲がかかったようだった表情にも余裕がでてきて、笑顔も見えるようになりました。フラッシュバックもまだ残ってはいるものの、回数はずっとへってきました。さらに半年たつと、出たい時には外に買物に行けるようになりました。二年たつ頃には、自分が行きたい織物のおけいこに出られるようになり、すっかり元気さをとり戻しました。そんな彼女をみて、彼女が「(作業所は) もう行かない」といっていることからも、親ごさんもその作業所をやめさせることにしました。

親ごさんは最初のうち、彼女の自立ということを、社会にでて仕事をするということと捉えていたのですが、このように自由に外出することができるようになり、朝おきて家事をゆっくりこなし、あいた時間はテレビを見たり好きな織物をおり、いい表情で充実した毎日を過ごせるようになってきた彼女に、仕事をするだけが生きる意味ではない、とあらためて考えるようになったと語られました。「幾つになっても、親は子どもに教えられます。あの子が知的障碍をもったことは、残念なことではありましたが、こうならなければ私はもっと狭い考えで、あの子の人生を考えていたことでしょう。あの子は最近、私が何か言うと、静かに『うるさい』と言うのです。ああ、私はずいぶん仕切ってきたんだと反省させられます。『ああ、お母さんまたうるさいのね』というと、にこにことうなづいています……。

……私は高齢出産であの子を授かったので、私のほうが早くあの世に旅立ちます。だからいつも、あの子をはやく一人前にしなければいけないと焦ってきました。でもあの子をみていると、今の自分の生活がとてもあっているようです。もう二〇年も仕事をしてきたのですから、すぐに職場に戻らなくても、このまま早期退職でもよいのではないかと思ったりしています。もちろんあの子が戻りたくなったら、戻ればいい。それはあの子がきめること。そんなあたり前のことを、私はすっかり忘れてしまい、作業所に申し訳ないからとそっちばかりを気にしていました。あの子のお蔭で私が人として成長させてもらえています。ありがたいことだと思っています」とお母さんは語っていました。

○家を出て生活する・自立する

知的障碍のある人の自立とは、どういうものでしょうか。仕事をして自分でお金をかせぐということは物理的な自立です。家を出てグループホームや施設・寮などで生活することも、自立のひとつの形態です。しかしこのような物理的な自立だけでなく、精神的な自立ということも大事です。

彼らは障碍があるために、自分でできることと、自分でするのはむずかしいこと、できないことがあります。ですから、障碍のためにできないところはきちんと誰かに頼り、できることは自分でして、自分なりに「よし」と思える人生を送ってゆけることが、彼らの自立だと思っています。

またみんなおとなになると、家から出たがるかというと、それほど単純なものでもありません。またもし出るとしても、いつ出るかということも、それぞれです。親と一緒に暮らしていると、自立していないということでもありませんし、就労をやめると自立していないというわけでもありません。

彼らが家から出て自分で生活したいと思うようになったら、グループホームなり施設などを探し、出てみるとよいのです。一方、彼らが家にいたければ、いられる限り一緒にいたらよいのです。実年齢というのは巣立ちの時期とは、あまり関係ありません。大事なことは、彼ら自身の意思を大事にするということです。一方、親が一緒に暮らしたいというのが親の希望ではあっても、もし彼らが出てみたいということなら、試してみるとよいのです。また成人したきょうだいと一緒に生活させたいということを親がもし望んだとしても、その場合には、本人だけでなくそのきょうだいの意思もまた、尊重してゆくことが必要です。

実際には親と離れて生活する淋しさも楽しさも、やったことがなければ考えることはできません。だから時々ショートステイを利用したり、グループホームに入所している人の話を聞いたりして、イメージをつくっていくとよいでしょう。また一度入所すると、絶対そこにいなければいけないということでもありません。大事なことは、やってみたり、やめてみたりというような選択の自由を、彼らももっているということを、関係者がわかっていることだと思います。

先のえりさんは、独立心が旺盛だったので、作業所での就労をはじめて間もなく家をでて寮に入りたいと希望し、意気揚々と引っ越しました。そこでそれなりに適応していましたが、不調になった時には本人の意志で家に戻ってきました。そして自宅で休養し、仕事に復帰してから別のグループホームに入所しました。彼女はこの経緯をある時、「最初の寮はよかったけれども、誰も知らない人ばかりでちょっと淋しかった。でも今度のところは、知っている人がいて楽しい」と語っていました。せりなさんも、一度グループホームで失敗をしましたが、それをいかして二度目のグループホームでは、適応して生活しています。

・急がされた巣立ち

作業所で就労している中度障碍のあるあゆこさんのお母さんが、彼女と一緒に相談にきたのは、彼女が二一歳のときでした。養護学校を卒業して行った作業所でも適応して仕事をし、余暇も音楽会に行ったりカラオケ大会があったり、キャンプや合宿などもあり、彼女なりに充実した日々を過ごしていました。

しかし一年前にお父さんが交通事故でなくなり、つづいてお母さんが足の骨を折ってしばらくの間、入院することになりました。お母さんが入院している間、彼女は近くに住んでいるお母さん方のおばあちゃんの家で暮らしていました。

お父さんの突然の事故死と自分が足の骨を折ってしまったという事態に、お母さんは急激に不安になりました。そこでくり返し彼女に、「あなたも（いつか一人になるのだから）しっかりしないとね」と言うようになりました。さらにこの頃、作業所の関係でグループホームをつくる計画が起こり、彼女もそこに入所したらどうかという話が急にもちあがりました。お母さんは滅多にないよい機会だからと、この話を積極的に進めました。

そうしたところ、彼女は入院しているお母さんにしがみついて離れず、家では目をぎゅっと閉じたり、目があいている時は涙ぐんでいたり、夜ひとりで寝るのも怖がっておばあちゃんとも一緒でないと嫌がり、離そうとするとパニックになるなど、ひどい不安状態になりました。おばあちゃんと一緒でも、夜もあまり眠れてはいないようです。そのために作業所でぼーっとしているようになり、さらには起きるときも寝床から離れるのに時間がかかり、食事も洗面も時間がかかり、さらには玄関に座って動かず、作業所に行けなくなりました。そこで近所の精神科を受診したところ、うつ病と診断されて薬がでました。

三か月ほど薬を飲んでいましたが、全体にあまり元気になる様子がみられません。「ただ薬だけをのんでいても」と心配になったことと、「このままだと、作業所に行かなくなるのではないか」という不安から、退院したお母さんが彼女をつれて相談にきました。

話を聞きながら私は、彼女のこころのなかで、お父さんが亡くなり、すぐにお母さんが入院しておばあちゃんの家に行くなど、たて続けにびっくりすることが重なり、ショックを受けてこころ細くなっている状態がまだ自分のなかでおさまっておらず、混乱しているのだろうと思いました。さらに家を出てグループホームへという大きな課題が、その上にのってきたために不安がつのり、不安は不眠をひきおこして、いろいろと頭のなかでは考えようとはするものの、どうしたらよいかわからずに、精神的にいっぱいいっぱいで、彼女の許容量を超えてしまい、うつ状態になって動けなくなったと考えました。

知的障碍の有無にかかわらず、この事態は尋常ではなく、精神的にまいっても不思議ではありません。でもこの時のお母さんは、あせりと不安でいっぱいでした。実はこれまで彼女自身が、家から出てグループホームに行きたいということは、一度も言ったことはなかったのです。

そこでまず、彼女にはー気にいろいろなことが起こりすぎ、消化不良になっていることと、自分のなかに十分その気持ちが育っていないなかで、家を出てグループホームへと自立を急がされたために不安と混乱が起こっているのではないかと思うと伝えました。だから、今は作業所はお休みして、家で好きなことをして過ごすとよいということと、グループホームの話はもったいないけど、いったんやめにしませんか、と提案しました。

はじめのうち、うなだれて顔がみえないような姿勢で一緒に話をきいていた彼女は、ここまでくると、すこし顔が上にあがるようになっています。聞くと彼女はクッキーを焼いたり絵を書くのが好きとのことだったので、そういう作業を家でのんびりとお母さんと一緒に、やってみることを勧めました。

そうしたところ半年ほどたつと、彼女はかなり元気になり、ごはんもちゃんと食べ、しがみつきもなくなり、お母さんと離れて夜ねることもできるようになりました。この時、お母さんは「何よりも、あの子が確かによくなったと思うようになったのは、あの子に笑顔が戻ってきたからです。あの子はもともとは、にこにこして、いい笑顔をもっていました。でもお父さんが死んでからは、彼女から笑顔が消えていました。それが最近、戻ってきています。だからよくなってきた、と思うのです」と語られました。

確かに笑顔が戻ったということは、彼女が全体的にゆるんできて、精神的に安定してきた証拠だと私も思いました。さらに一年ほどたつと、徐々にではありますが、作業所にも復帰してゆきました。彼女は今でも、グループホームでではなく、お母さんと一緒に暮らしています。

・「私の家はあっち（施設）です」

ゆきえさんはからだの病気ももっており、重度の知的障碍の判定を受けています。養護学校を卒業してからずっと、彼女は作業所に通所していました。ゆきえさんが一五歳のとき、お父さんが病気で亡くなりました。その後はお母さんが働いて育てていましたが、お母さんはつねづね、自分にもしも何かあったとき、ゆきえさんの将来が心配だからとずっと考えていました。でもお父さんが亡くなってから、二人だけでずっと肩を寄せ合って生きてきたので、別れる決意がつかなかったことと、施設への入所は時間がかかるということから、さきのばしにしてきました。彼女が三五歳になったとき、お母さんが病気になって手術のために入院することになりました。入院中の彼女のショートステイの相談にいったところ、「ショートステイのことは大丈夫だけれども、そういう事情でずっと生活していく施設を探しているなら」といって、あきができてすぐに入所できる施設があることを教えてもらいました。そこで断腸の思いでゆきえさんを施設に入所させました。

あまりに突然お母さんと別れることになったことから、施設に入った当初、彼女は家を恋しがり、夕方になるとよく泣きました。お母さんが退院してからは、週末には家に戻ってくるので、それを楽しみに施設と作業所での生活をしていました。しかしお母さんが退院して三か月ほどたつ頃には、ゆきえさんはすっかり施設での生活に慣れ、週末実家に戻っても、日曜の夜に施設に戻ることを嫌がらなくなりました。さらには「(私の)家はあっち(施設)」と言い、「おうちに帰る」と言うようになりました。

さらに驚いたことが起こりました。彼女は病気で体力がなかったので、地下鉄の階段も途中で休み休み時間をかけてあがっていたのですが、半年ほどたったある日、お母さんが一緒に地下鉄にのった時に、彼女はゆっくりではありますが途中で休憩をいれることなく、長い階段を昇りきりました。施設で生活するなかで、体力も少しづつついてきたのです。何よりも、親の家とは別に自分の家があるということは、彼女にこれまで以上にはりと自信を与えたように思われました。

あゆこさんは自立を急がされて不調になりましたが、ゆきえさんにとっては、突然の施設入所は結果的にはよかったようです。このように人の自立の仕方はさまざまで、一律にこうするとよい、というようなやり方があるわけではありません。そんなあたり前のことが、知的障碍のある人たちの自立に関しては当然ではなく、むしろ画一的に論じられます。そのひとつが、二〇歳を過ぎたら家から出てグループホームへという言い方です。でも健常な人でも家にずっといる人もいますし、はやばやと出ていく人もいますし、出てから戻る人もたくさんいます。

それぞれに事情も状態も異なります。年齢だけで画一的に考えるのは、彼らの人生の主体性を奪うようで、慎みたいものだと思います。

おわりに

○彼らにとっての心理相談とは

・ことばとの関係性が豊かになる

知的障碍があってことばを自由に扱うことが困難な人たちが私のところで思いきりしゃべっていくと、不思議なことにことばを扱う力がふえてゆきます。いったいこれは、どういうことかとずい分考えました。

日常のせわしなさのなかで、ことばを扱うことが自在にはできない人々は、こころゆくまでしゃべることができません。わからなくなったからといって、ことばをその場で探したり、黙って考える余裕をなかなかもたせてはもらえません。それに対して相談の場では私は静かに待っているので、自由にことばを探したり、迷ったら戻ったり、訂正したりすることが可能です。そして私は話を聞きながらあいづちをうったり、要点をしぼって感想をひとこと述べたりします。つらいことを語っているように感じたら「つらかったですか?」、楽しいことを語っていると感じたら「うれしかったですか?」と感情に焦点をあててことばにします。

自分がはっきりとわかっていることを伝えたいという場合もありますが、自分でもはっきりとはわかっていないからこそ話したいという場合もあるでしょう。後者の場合は極力、押しつけがましさを控え、必要があれば手助けしようとしている私との静かで豊かなことばとことば以外の対話のなかで、自分が語りたいことや、自分の気持ちが、より明確になってゆくのだと思います。

「先生とお話しする」という目的があり、あるストーリーを話そうとすると、そこをめざして人はどのように話そうかとことばをいろいろ探します。そこに来て自由におしゃべりをすることを楽しむ人もいますし、メモ帳に話したいことを書いてくる人もいます。また、メモ帳に私の助言を書き込んで帰る人もいます。

日常の生活は、基本的なことがわかりさえすれば、まわってゆきますので、ことばが苦手な彼らは、ふだんはことばと距離をとり、ことばをあまり、自分のなかにとりこもうとはしないようにしているのではと思います。無理をしてまで、ことばを発達させる必要がないといってもよいかもしれません。でも、人と話をしたくなると、ことばに対する関心が一気に高まります。その結果、周囲の人が使っていることばに対する感覚が鋭敏になるのではないかと思います。

また、こころのなかに悩みがあり、葛藤がある場合も同じです。私たちはものを考えるとき、ことばを用います。小学生の時に親の転勤によって学校を転校し、環境の急激な変化や先生方の対応の違いに圧倒され、精神的に混乱し、身体症状もあらわした重度に近い中度の知的障碍のあるがん太くんは、一時期不登校になり、プレイセラピーに通いました。彼は精神的に落ちついて、やがて復学しましたが、この「一時停止」させていた間に重篤《じゅうとく》な遅れのあった彼のことばは一気にふえ、不明瞭な発音も聞きとりやすくなりました。

当時、彼のこころの奥には「何が起こったのか?」「どうしたのか?」「なぜ、こんなことになったのか?」「どうなっていくの?」というような、たくさんの疑問が答えをえられないまま、渦を巻いていたと思われます。私たちは考えるとき、ことばを使います。その解けない疑問を解決すべく、不登校をしていた間、彼のエネルギーは内側にそそぎこまれ、ことばを使ってあれこれたくさん考えたのではないかと思います。そして何はどういうことなのか、ということを何年間もかけてこころのなかで抱え、考えていくなかで、彼の理解することばがふえ、それが話しことばの増加へとつながっていったのではないかと私は考えています。つまり、葛藤を抱えるということは、考えるために必要な「ことば」に対する感性を鋭敏にするのです。

もちろんこれは、葛藤があればよいというようなことではありません。問題が起こることはよいことではありません。症状も神経症的なものにとどまらず、精神病的な症状になることも多いので、へたをすると自分がこわれてしまいます。だから危険なことではあるのです。しかし同時に、この事態はその人にとっての新たな可能性の萌芽《ほうが》にもなるのです。親ごさんたちは、子どもができるだけ苦労せず、傷つかず健やかに育って欲しいと願っています。もちろんそれは当然の希望ですが、楽しみが人を豊かにするように、苦労や傷つきは、人を育てるものでもあるのです。人は誰でも、自分なりに自分らしく成長したいと望んでいます。知的障碍のある人たちもまた同じなのです。

・援助者にできること

知的障碍のある人々の心理相談で私たちこころの援助者には、何ができるでしょうか。まず、彼らがしゃべることに関して邪魔をせず、彼らのペースで思いきり話しをすることを大事にしたいと思います。彼らの場合、相手の情報をこちらが正確に掴むということばかり考えていくと、うまくいきません。彼らは自分でも自分の言っていることがわかりづらかったり、発音が不明瞭だったりすることから、日常の場でしばしば聞き返されています。自分の語りに自信をもてていないので、聞きかえされるのは怖いのです。

ですから彼らの相談で私が気をつけていることは、あまり急いで細かい部分を正確に把握しようとせず、確認は最小限にとどめ、「この話をすることで、○○さんは何を伝えようとしているのか」というエッセンスを、摑もうとしてゆきます。フィーリングに焦点をあてて聞いていくと、あまり概念的なことや細かいことは気にならなくなります。そしてだんだん、言いたいことの本質が読みとれるようになってゆくように思います。これは相手の言うことをいい加減に聞く、ということではありません。

私は彼らと、音楽や絵などを用いて、ゆっくりとした質のよい時間をもつことを心がけていますので、ことばだけを関わりの道具だと思っているわけではありません。ダンスや音楽、ぬり絵やビーズといったような、非言語的な関わりは、彼らの得意分野であることが多いので、彼らのこころを元気にします。しかしその一方で、人はできることなら、ことばを使って自分の思いや気持ちを相手に伝え、わかちあいたいと思うものです。人は誰でも他者と気持ちや考えをわかちあい、共有したいと思っています。知的障碍の人々もまた、基本的に同じなのだと思います。

ところが特に知的障碍のあるおとなの人への心理相談は、言語的であれ非言語的であれ、あまり積極的に行われていません。彼らがことばをもちいてコミュニケーションすることに困難さがあるから、内省するのは無理だというのが表むきの理由でしょう。彼らに対するセラピーは、内省を促す方向性のものとは違います。むしろことばとことば以外の関わりを通して、心身の開放をめざし、本来自分が伸びてゆきたい方向に、つまり、より自分らしく生きる方向へと、軌道を戻してゆくような手伝いをしているのではないかと思っています。

私は本当は、援助者がどう関わったらよいか、わからないからカウンセリングは無理だときめつけているように思います。そこには彼らの苦悩など、自分たちにわからないから、どう対応したらよいかわからないという無力感もあるのかもしれません。でもそれは違うのです。障碍があるという苦悩それ自体は、本当のところは誰にもわかってもらえない、彼ら自身だけが知る独自の体験です。親でさえ、それを共有することはできません。ましてや私たちは、その苦悩そのものは、どう逆立ちしてもわかることはできません。私はこれまで、たくさんの知的障碍のある人の相談をうけてきましたが、一度も彼らから、その人が障碍をもっている苦悩を私がわかってくれない、となじられたことも、文句をいわれたこともありません。彼らはそんなことは無理だとわかっていて、誰にもそんなことは求めてはいないのです。自分で抱えていくしかないことと、あきらめているのだと思います。

しかし同時に、それとは別に、彼らは話しをしたいと求めます。相談したいのは、障碍があるために日常のなかで二次的に起こってくるさまざまなことの方です。さらに彼らは、人と話したり関わることによって、たくさんのことを吸収し、自分なりにいろいろなことをつかんで、自分らしく生きてゆきたい、そのために相談したいのだと思います。

私は本書のなかで「休みましょう」ということを、よく助言として言っています。人が症状を呈するのは、調子が悪くなっている時です。その時にはまず、疲労回復が最優先の作業です。でもそれは、ただ休ませればよいと安易に考えているということではありません。まず当面の疲労をとり、精神的な余裕が戻ってきたら、次に、学校や仕事場での対人関係の問題や、困難さをひきおこしている問題にどのように対処していったらよいか、という本編の課題にとりくんでゆくのです。

最後に、彼らはしばしば幾つになっても「ちゃん」づけて呼ばれたり、子どもに接するようなことばで対応されがちです。かくいう私も幼い頃から関わっている人の場合には、時にそうしてしまうことがあります。彼らに純粋性といったらよいのか、永遠の子ども心性のようなものがあるために、そういうことが起こりがちなのかもしれません。でもそれはよいことではありません。

私は彼らと会うとき「はじめまして……どうぞお入りください」ではじめ、「そろそろ時間になりますが、今日したい話はだいたい話せたようですか」と尋ね、「またお待ちしています。どうぞお気をつけて」と、きちんと敬語で対応するようにしています。こういう、人と人との敬意と配慮をもった、おとな同士の小さなやりとりは、彼らにとってとてもよいもののようで、いい表情で帰っていかれます。こういう年齢相応の対応をされることは、彼らの自尊感情を高めるように思います。そう考えれば考えるほど、このような人としてのふつうで自然な対応が、現実社会のなかでは本当に少ないのだろうと残念に思います。

○親は子どもの障碍とどうつきあえばいいのか――

「あなたの子どもには障碍があります」と告げられた親ごさんたちのこころは、一体どのように揺れ、どのようになってゆくのでしょうか。これは受容過程とも適応過程とも呼ばれており、段階を踏んで立ち直ってゆくというよりは、ゆきつ戻りつしながら、螺旋《らせん》を描くように歩んでゆくといわれています。

一番困難なのは、おそらく告知直後からその後の数年間だと思われます。子どもに知的な障碍（遅れ）があると告げられることは、特に親ごさんのこころに強い心理的衝撃を与えます。うちの子はどうなってゆくのだろう、自分たちの人生はどうなってゆくのだろう、という様々な不安をもつなかで、親ごさんたちは「子どもが寝返りをはじめてうったとき、子どもに負けてはいられないと思った」「一年間気持ちの整理がつかなかったが、それでも成長してゆくわが子に支えられて」というように、子どもが自分なりに精一杯育とうとし、懸命に生きようとしているとわかることによって、精神的に励まされ、子どもの発達に一筋の希望の光を見出すようになっていきます。

そして親子の間で相互作用が活性化してくると、そのままでは潜伏したままになっていたかもしれない、子どもの発達の可能性が開花してゆきます。それがまた、親ごさんたちのこころを刺激して勇気づけます。そして、本人のペースで確実に育っていく子どもの成長にていねいに伴走することを通して、子どもをじっくりとみる目を養っていった親ごさんたちは、それぞれに知的には遅れがあっても、純粋さをもっていたり、豊かな感受性をもっていたり、やさしいこころをもっていたり……というような、その子がもっている知的能力以外のもち味にも気づいてゆきます。それがまた親を支え、障碍をもつわが子の「その子なりの発達」を喜ぶことができるようになってゆきます。あるお母さんは、「この子をみていて、こんなに純真で、人のことを疑わない人もいるんだなーと驚いた。この子のお陰で人に対していろいろな見方ができるようになりました。自分がすごく変わったというか、成長させられたと思います」と語っています。

別の知的障碍のある子どものお母さんも、「はじめはあの子の発達がよかったので、それに支えられました。でも次第にやっぱり遅れていく……その焦りからずいぶん悩みました。別の援助機関にも通いました。でもいつのころからか、それって違うんじゃないかって……。あの子を健常な子どもに近づけていこうとすると、あの子ならではの喜びや、あの子ならではの生まれてきた意味がなくなるんじゃないかって。ありのままのこの子でいいんじゃないかって、そう思うようになりました……あの子がひとつ何かを覚えるたびにすごい喜びがあるんです。こういうことは健常な子どもだったら味わえない幸せだ、と思えるようになってきました」と語っています。

とはいえ、公園などで他児と比べたり、他児からからかわれたりいじめられたりするのを聞くと再び落ち込むということもよく聞きます。さらには思春期や成人期以降にも、ふとしたときにつらく思い、「もしもそうでなかったら」と思うことは、幾らでもあることでしょう。この揺れは告知時の頃と比べれば小さくなりはするものの、一生消えることはないでしょう。そして、惑いも悩みも消えなくてよいのです。

社会人になって就労した知的障碍のある悟くんのお母さんは、あるとき私に次のように話してくれました。「……自分自身をふりかえっても、最初の一〇年くらいはやはり理屈では受けいれていても、じっと悲しいこころを抱えていました。子どもに障碍があるとわかってこっそり泣きました。何で自分がとか、ひどい目にあったとかいうのではなく、赤ちゃんと自分が理屈抜きで悲しいでした。その後『やけくその明るさ』で暮らしてはきたものの、こころの底には重いものがいつもあって、しんから笑ったことはなかったように思います。けれどもいつしか、こころの重りが軽くなりはじめました。久しぶりにこころからうれしいと笑ったのは、長男が大学にはいったときで、知的障碍のある息子はもう小学生になっていました。そこからはうれしいことがふえてゆきました。第一彼が立派に社会にでていくことができたので、雪がとけたようにこころの重りはなくなっていきました。二〇年かかりましたけれども。……というようなことを私がいうと、『〇〇さんでもそうなんですか』と感慨深げに反応されてしまいます。どうもそうは見えていなかったようです。人は見かけとは違うのです。だから私は、きっとどのお母さんも私と同じか私以上なんだろうと思っています。障碍のあるわが子をこころの底から受けいれるってやはり大変なことなんです。自分のなかの夢や価値観をひとつひとつ再構築するプロセスなんですもの。最近は少し距離をおいて、そのようにもがいたりする自分を励ましたりしながら歩いてきた自分の姿を、他人事のようにいとおしく眺めている自分に気がつきます……」。

彼女は明るくたくましく、少々のことにはへこたれないように見える女性です。しかし先の話は、彼女のこころの内側に、秘められた小さな氷の塊がしっかりとあり、それは次第にとけて小さくなっていくものではあるのだけれども、そのためには途方もないほどの時間がかかる、ということがわかります。

このように、親が子どもの障碍とつきあうということは、簡単なことではありません。よく「受けいれる」という言葉が用いられますが、それはただ、受けいれないと生きてゆくことが苦しいから、受けいれようとするのだと思います。その意味で、受容過程というものは、人が押しつけるものではなく、また一生完成するものでもなく、完成する必要などないものなのだ、とあらためて思います。

私は以前、知的障碍のある子どもの親ごさんたちから、「親なき後の子どものことが心配で、安心してあの世に巣立てない」という話をよく聞きました。制度的にはすこしずつ整備されてはきているものの、グループホームにしろ作業所にしろ、いまだに親が頑張ってつくっていかなければならないような、福祉的には貧しいのがわが国の現状です。一方、最近では、成人になった知的障碍のある子どもたちから、自分の親が白髪がふえてきたり、以前よりも物忘れをするようになり、階段をよたよたと昇る後ろ姿を見て、自分がしっかりしなければ、と親の老後を心配する話をよく聞くようになりました。彼らが物理的に親の世話をすることができるわけではないでしょう。でも彼らもまた、自分にできることはないだろうかと、心理的には本気で考えているのです。こういう話をすると、親ごさんたちはびっくりされます。そしてジーンとくるようです。親が子を心配するように、子どももまた、親を心配しているのです。彼らは同年齢の健常な人たちよりも、親のことを考えているのではないかとすら、思います。

経済的に幾ら稼ぎだすかだけが、人の評価の基準ではありません。お金があっても地位が高くても、こころの貧しい人はたくさんいます。一方、知的障碍のある人のこころはあったかで豊かです。彼らの笑顔は、人のこころをなごませます。彼らは人々と仲良く共存して生きてゆきたいと考えている人たちです。そんな彼らが、個別性をもち、安心して自由にのびのびと生きてゆけるような社会になってゆくと、日本も本当の意味で豊かな国になっていくのではないかと思います。

本書は、二〇〇七年九月、ユビキタ・スタジオ（編集人・発行人　堀切和雅）より初版が刊行されました。

○この本がいまも生きているわけ――堀切和雅

とうとう子どもが生まれてきてくれるとき、ただ無事にと人は希《ねが》うだろう。そしてふつうに。けれどその子にとくべつな困難があると知ったとき、あるいは育ちの中で次第にそうと気づいていくとき親は「二重の喪失」を味わうことになる。

ひとつは、目の前のこの子が現実に無事生きることはできないかも知れないということ。もうひとつはこの子がもし健常に生まれていたら、あったはずの人生というイメージ。たいていの親は、新しくこの世に来た命とともに自分の暮らしも、世界までもが新しくなると漠然とであれ思う。花や空の色の微妙を感じる子どもに育てよう。他者の気持ちがわかり、そして強い人になってくれるといいな、とか。想いはどこまでも拡がる。

娘がいよいよ生まれてこようというとき僕は「苦手だった算数を小一から一緒にやり直そう」とかってに決心していた。

そんないろいろをていねいに、あきらめて行かなければならない。

娘の響は生後四日目に原因不明の痙攣を起こし、産院から大病院へ救急搬送される。NICUの二週間のあいだ、僕ら夫婦はインターネットで膨大なネガティヴ情報に行き当たり続けたが、なかでも恐ろしかったのはミトコンドリア病というものだった。運動・精神発達遅滞。そして一歳か二歳くらいまでしか生きない？

まさにそのミトコンドリア病だと分かったのは、娘が十ヶ月になった頃。

僕は青年期の終わりから田中先生のカウンセリングを受け始めていて、その時にはもう数年に至っていた。生きること、何かを選ぶということ、その限界、そんな話を面談時間の契約の中でする。約束の枠を破ったことはない。が、診断を聞いたその日は立ってても座ってもいられぬ焦燥に胸は灼け、耐えきれず出張先の新幹線のホームからクリニックに約束のない電話をかける。

果たして田中先生は、直接電話に出た。


この子は話をできるようになるのだろうか。動作も発語も「ふつう」には発達しない響をピクニックの野原に寝かせ、夕陽に染まるルームミラーのチャイルドシートに見ながら、幾度も幾度も想った。

田中先生に、響とも会っていただく。先生は響に語りかけ、遊び、診《み》たて、はっきりと言う。

「響さんは言語を獲得すると思います」


言語の獲得にこだわったのは近しい者として自然なことでもあるだろう。が、人並みの発達を願ってというのとは微妙に違ってきていた。もちろん少しでも人並みに近く、健常に近くとは障碍の児の親はどこかでいつまでも思うことだろう。家族との生活の維持にとっては、本人にできることがどれだけあるかは実際重大な要素だ。

だけどほんとうのほんとうは、響の気持ちを、こころを知りたかった。その変化を、生きることの季節に応じてずっと、知っていきたかった。

爆発的な笑顔を振りまきながら、草原で転んで光の空を仰ぎながら、自分がうまく歩けないこと、上手に言えないこと、書けないことを、彼女はどう思っているのだろう。それでもいいの、わたしは、わたし。そう思っていてくれるだろうか。生きていく間何度でも、繰り返しそう感じてくれるだろうか。

考えてみるとこれは、健常者という枠で生きている僕と、おそらく皆さんとも全く同じ望みなのだろうと思う。そう、「基本的には変わらない」。

そうしたことをカウンセリングの場で田中先生と話しながら、書いて下さいと僕はお願いするようになった。障碍を持つ児のこころ。その大切なことにまっすぐ取り組む本はその当時見つからなかったから。やがてクライアントが編集した心理臨床家の本、つまりこの本が生まれた。

『障碍の児のこころ』はその後品切れになり手に入りにくい状況になった。一方、二〇〇七年の刊行から時が経ってもこの本の価値には変わりないことに気づかされていくことになる。「こういう本を求めていました」「子どもを育てるすべての現場に通じる」。そんな声が届いた。

そうしているうち、旧知の十時由紀子さんが小さな出版舎を始めたことを知る。再刊の提案に彼女はこう考えた。「ならば、当時と変わらぬ形で」。本文も装幀もそのままもう一度作り直されて、本は生き続けることになる。

出版の世界でも、そう多くあることではない。

娘が言葉を使うようになってゆく一方で、気がかりが深まったこと。リハビリテーションのため療育の場に行くと、より障碍の重い、話すことのできない子どもたちにも会う。もちろん病院でも、支援教育の場でも会う。その子たちの気持ちは、どんなふうなのだろう？

言葉の形はとらなくとも、こころはそれぞれにあるはず。一方、動けず発語もなく、意志表明がないように見える人の心の存在を疑う人もある。けれどもっともっと考えていくうちに思う。こころとは、ひとつづつ独立してありうるものなのか？　むしろ心は、関係のなかにこそ生じるのではないか。この本のサブタイトルにもあるように、関係性のなかで育つのが心なのだから、それはいつも関係性の中でこそ、息吹を得る。

幾度でも想い出すのだ。あの時の声音を。幼稚園に入園しようという頃から小学生になるまで、響はドキュメンタリーの取材を受けていた。彼女がこわがらないよう毎回同じカメラマン、ビデオエンジニア、記者のクルーで、数年間。そういうふうに仕事をするテレビ局員はあまりいないと思う。

生まれて初めての運動会。まっすぐに歩くことのできない響を、こっちよ、こっちと先生が掌を合わせて導いて、響はみんなよりちょっと短い「ひびちゃんコース」を完走する。「ひびちゃんがんばれ！」とさけんでいた園児たち保護者たちからまさに、万雷の拍手。

翌年の運動会。組み体操にも響は参加するが、体幹の弱さと握る力の弱さで、なかなか形にならない。だけどみんなは拍手。

お弁当の時間。彼女は実はこういうことを話していた。僕は覚えていない。カメラと音声がしっかり捉えていたので、後で知ったのだ。いや、聞いていなかったのではたぶんない。哀しく、しかし強い声を聴くのを僕の意識がかってにスキップしたのだ。

「うまく……できない」

「ねえ」

「ねえ、どうしたらいい？」

明るい笑いと興味津々の目。ふしぎな優しさのカーヴを描いた、そのときの口もと。そんな響しか見ていなかった。娘のこころを知ることを、願っていながら。

この言葉を映像で聴いたことが『障碍の児のこころ』を田中先生に書いていただこうと希ったことのひとつの伏線になっている。近しい者同士の心の見晴らしも、つなぐ人があって初めてひらける、ということもあるのだ。

二〇二一年三月に刊行された『関係を育てる心理臨床』（日本評論社）のなかで、田中先生は心理療法家としての仕事を「ひと区切り」すると表明している。しかし「この年齢で区切るのですから、戻るという方向は見えにくいように思います」とも。患者との別れはもちろんだが、後進の若い心理療法家たちにも不安は残るだろう。そこで「誰かがタナカ先生に相談したくなった時」「手にとってもらえたら」「ちょっと元気が出てくる」ように私の身代わりの本として残していけたら、とも。

『障碍の児のこころ』の再刊の計画を先生が喜んでくださったのは、ああ、そういうことだったのだ。この本はいま生まれたばかりの、あるいはこれから障碍と共に生まれてくる子どもたちにも、親たちにも社会にも、これからも届く。

そして子どもと子どもをとりまく人々とタナカ先生とを含んで、こころは動き育っていく。大きな、小さな、関係性のなかで。

いつまでも。

二〇二一年一〇月　響、二十歳の秋

田中千穂子（たなか・ちほこ）

臨床心理士。1954 年生まれ。東京都立大学大学院文学研究科心理学専攻課程修了、文学博士。花クリニック精神神経科勤務（～ 2021 年 3 月）、東京大学大学院教育学研究科臨床心理学コース教授（～ 2011 年 3 月）、学習院大学文学部心理学科教授（～ 2021 年 3 月）ほか歴任。著書に『母と子のこころの相談室』（医学書院、改訂新版：山王出版）、『ひきこもりの家族関係』（講談社＋α文庫）、『心理臨床への手びき』（東京大学出版会）、『プレイセラピーへの手びき』『関係を育てる心理臨床』（日本評論社）ほか。

2007 年 9 月 28 日　初版発行
2021 年 10 月 7 日　新版発行

著者　田中千穂子

装幀　吉田浩美・吉田篤弘（クラフト・エヴィング商會）

印刷＋製本　株式会社　廣済堂

ISBN　978-4-909895-05-9　C0011
価格　1600 円（税抜）

発行人　十時由紀子
発行所　出版舎ジグ
〒 156-0043　東京都世田谷区松原 1-25-9
FAX 03-6740-1991　https://jig-jig.com/

jig-05